JN123349

国富町方言集作成委員会

鉱脈社

刊行によせて

国富町長　中別府　尚　文

「国富町の方言」の刊行にあたり、心よりお祝い申し上げます。

「言葉は生き物」とも言われ時代とともに変化したり消滅したり、また新たな言葉が出てきたりします。そのような中、国富町の方言が忘れ去られる前にこのような体系だった本を刊行していただけることを大変うれしく思います。

本書の特徴として方言一つひとつに例文があったり、国富町の方言の特徴の分析があったり、項目別に掲載されていたりしており、大変興味深く拝見することができます。国富町を知るための参考文献としても大変価値のあるものになると思います。

若い世代からこの方言を懐かしいと感じる世代の方まで、幅広い世代の方にぜひ本書を読んでいただき、昔の情景を思い出し、なつかしみ、古き良き国富町を感じていただければと思います。

２０２０年は社会の転換期となりました。世界的に新型ウイルスの感染症が猛威を振るい、今までの価値観や生活様式を変化させざるを得なくなりました。しかし、世の中には変えてはいけないもの、変えたくないもの、残しておきたいものも数多くあると考えます。その中には、先人から受け継がれた風習や文化も入るでしょう。そして方言もこのうちの一つに数えられるのではないでしょうか。訪問した地域で良く気付くことですが方言を交えた会話には、その言葉の中にその地方の「温度や雰囲気」が入り込んで、会話そのものが「豊か」になると思っています。本書をとおして現在では使われなくなった「国富弁」も後世まで語り継がれることを期待しています。

最後に熱意をもって本書の編集に取り組まれました方言集作成委員のみなさま、方言収集にご尽力いただきました各地区の協力者のみなさま、さらには制作に携わられたみなさま、すべての方のご努力に敬意を表しますとともに、方言を通じ郷土に思いを馳せる気持ちに感謝を申し上げまして刊行によせての言葉とさせていただきます。

はじめに

方言は都道府県の範囲よりもっと狭い地域の中で、その土地特有のものとして存在しています。方言にはそれぞれ独特の言葉やアクセント、イントネーションがあり、人々はお互いが共有するその言葉によってコミュニケーション活動を行っています。普段は無意識のうちに使っていますが、方言には温かみがあり、自分自身を飾らずにさらけ出す言葉であるため、方言による会話によって私達は友人や地域の人々とのつながりを一層深くしているように思います。

昭和三十年代頃までの子どもたちは、国富弁を自在に使って会話をしていました。学校では共通語を使うようにという指導もありましたが、一度身に付いた言葉はなかなか改めることができませんでした。方言には、それを使う人たちだけにしか通じない言葉も少なくありません。したがって、友だちや隣人と方言で話をすることによって、お互いの親近感や絆は一段と深まっていたように思います。その意味でこの地域特有の方言は、意思疎通の手段として人々の生活を支えてきた貴重な文化だと思います。

ところが最近は、方言丸出しで会話をする子どもの姿を見かけることはほとんどなくなりました。テレビ等の影響で、国内では日常会話の共通語化が進んでいると言われています。若い世代の中には東京型といわれる新方言も生まれているそうです。

この方言集に目を通して「笑った」とか「なつかしい」と言われるのは何歳ぐらいまでの方でしょうか。今回実施したアンケートの結果を見ると、五十歳未満の方はご存知ない方言がかなりあるようです。そして、小中学生になると方言はあまり知らないというのが実態のようです。核家族化が進んで、三世代が同居して生活する家庭は減少し、子ども達は日常生活の中で方言に触れる機会が少なくなった結果だと思います。

言葉は時代と共に変化したり消滅したりしていきます。関西弁や東北弁のような全国的に認知された方言は消失することはないでしょうが、田舎の片隅で、私たちが親しんできた国富弁、捨てがたい国富弁、そして忘れ難い国富弁は、次の時代には消えていくかも知れません。方言はそれを使う人がいなければ、存在し得ないからです。

そこで、過去から現在にかけて使われてきた国富弁をできるだけ拾い上げ、活字に残しておくことにしました。文法、語法、音韻など言語学的な観点からの分析、検討などは行っておらず収集した方言を紹介しただけに過ぎませんが、本書が国富町の方言を話題にしていただく一つの契機になれば望外の喜びです。

目次

表紙画（切り絵）　武田トミ子

国富町の方言

一　宮崎県の方言分布と国富方言

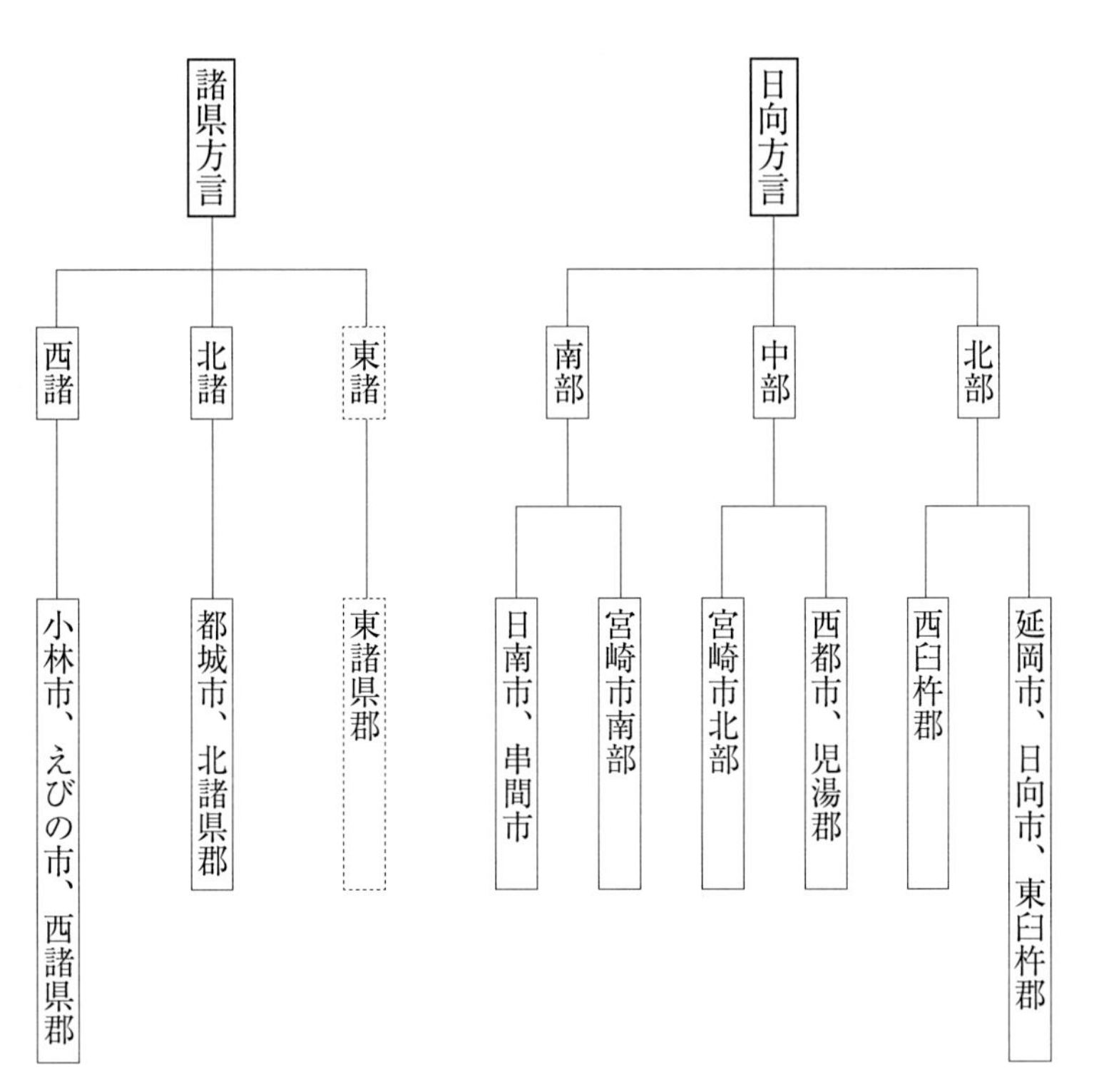

宮崎県は江戸時代を諸藩分立体制のもとで過ごしたため，多様な言語を受け継いだまま明治新政府による近代化を迎えています。この歴史的宿命が言葉の分野でも薩摩、肥後、豊後系など多様な言語を県下に定着させせました。

元宮崎大学教授・岩本実氏は、宮崎県の方言を前図のように日向方言と諸県方言の二つに分け、それを更に細分化しておられます。

日向方言は通称みやざき弁と言われているものです。この日向方言は、大分（豊後）の影響を受けた県の北部地域、大隅や北諸の影響を受けた県の南部地域、そして他地域の影響をほとんど受けなかった中部地域の三つに大別されています。これに対して諸県方言は、北諸県や西諸県地域で使われている言葉です。こちらは所謂薩摩弁（薩隅方言）の影響を強く受けた言葉が使われています。

国富町の方言は、この分布図では諸県方言の方に分類されていますが、実態として諸県方言はほとんど使われていません。地名は東諸県郡国富町で「諸県」の名称がついていますが、私達が日頃使っているのは、他地域（豊後や大隅など）の影響を受けていない中部平野部一帯で用いられている日向方言です。

国富町は、昭和三十年代の初めに旧本庄町、旧木脇村、旧八代村の一町二村が合併して誕生した町です。合併前のそれぞれの町村の歴史を辿ってみると、若干飛び地等はありますが、本庄町は幕府直轄の天領、木脇村は高鍋藩の秋月領、そして八代村は薩摩藩領でした。したがって、方言収集を始めた段階では、この三地区の方言にはかなりの差違があるのではないかと予想していました。

　ところが、収集作業を進めていく中でこの三地区の方言には極端な違いはないことが明らかになりました。中には木脇地区や八代地区に独特の方言もありましたが、それはごく一部のものでした。ただ、昭和十年前後までは八代地区や本庄の田尻地区では、典型的な薩摩弁が使われていたことが当時の資料で明らかになっています。岩本教授が東諸地区を諸県方言の使用地域に分類されたのも、このような実態に基づいてのことだったのでしょう。しかし、今では薩摩弁のなごりを残す言葉もほとんど無くなり、れっきとした日向方言が使われています。そして、国富町内では何処でもほとんど同じ方言が使われているようです。

二　国富町の方言㈠——例文を示して紹介する方言——

方言の収集は、町内を三地区に分けて、六名の作成委員がそれぞれの分担地区ごとに行いました。できるだけ多くの方言を集めるために、各地区に協力者を依頼して収集に当たりました。

その結果、三地区で集めた方言の総数は一〇〇〇を超えました。それを精査して、本書では九三〇の方言を取り上げました。そして、その中の六四〇の方言については例文を示して紹介することにしました。例文は、町内で方言を使って暮らしている人々の会話の一部を切り取った場面を想定して、次のような観点を設けて作成しました。

㈠　平易な会話文であること
㈡　情景が浮かぶような会話文であること
㈢　生活の断面が想像できる会話文であること
㈣　読み手に不自然さを感じさせない会話文であること

しかし、例文はすべて短い文ですので、主語、述語を省略していたり、文の脈絡が不明確だったりしているものも少なくありません。したがって、例文の中には作成の観点に沿わない文があるかも知れません。なお、国富方言といっても、この地域だけで限定的に使われているものばかりでないことはいうまでもありません。

次に掲載する例文集では、方言（太文字）の下の〈　〉の中の語は、上の方言と同じ意味の方言です。方言の下の（　）の中の語は、その方言を共通語に直したものです。

また、○印の下に記載したのは方言による例文、●印の下の文は、右側の方言文を共通語に直したものです。

なお、方言を共通語に直した部分の下の欄に「※木脇地区」「※八代地区」とあるのは、その方言が国富町全域ではなく木脇地区や八代地区で限定的に使われているという意味です。

番号	方言〈同じ意味の方言〉（方言を共通語に直した言葉）	○方言による例文 ●右の例文を共通語に直した文
1	**あえちょる**（落ちている）	○みてんない　こんげなとき　ひゃくえんだまが　あえちょるが ●見てごらん　こんな所に　百円玉が　落ちているよ

2

あぐる〈あげる〉（吐く）

○くいすぎて　どうか　あぐるごつあっとよ

●食べ過ぎて　どうも　吐くようにあるんだよ

3

あけ（明るい）

○あけうちしちょかにゃ　くれなっとでけんど

●明るいうちにしておかないと　暗くなったら出来ないぞ

4

あこくろ（夕方暗くなる頃）

○あこくろに　そんげなこつすっと　あぶねが

●夕方暗くなる頃に　そんなことをすると　危ないぞ

5

あさねごろ（朝寝坊）

○こんあさねごろは　いつまじ　ねちょっとじゃろかい

●この朝寝坊は　何時まで　寝ているんだろうか

6

あすじょる（遊んでいる）

○いつまっでん　あすじょらじ　はよべんきょせんか

●何時までも　遊んでいないで　早く勉強しないか

7

あせくる（あさる）

○ごみばこどん　あせくって　なんしよっとか

●ごみ箱など　あさって　何をしているのか

8

あたで（急に）

○あたで　そんげなこついやってん　どしゅんならんわ

●急に　そんなことを言われても　どうにもならないわ

9

あたれ（惜い、もったいない）

○こんふくは　まだうっすった　あたれな

●この服は　まだ捨てるのは　もったいないな

10

あっき〈あっこ〉（あそこ）

○あんたんめんきょしょうは　あっき　おいちゃったよ

●あなたの免許証は　あそこに　置いてあったよ

11

あっさね（向こうの方へ）

○あんたげんじさんな　あっさね　いきよりゃったど

●お宅の爺さんは　向こうの方へ　行っておられたよ

12

あっちこっち（あちらこちら）

○おきなわん　かんこうちを　あっちこっちみてさるいたど

●沖縄の　観光地を　あちらこちら見て回ったよ

13

あっど（あるよ、あるぞ）

○うちにゃ　りっぱなかけじくの　たからむんがあっど

●家（うち）には　立派な掛け軸の　宝物があるぞ

14

あっどん〈あのし〉（あの人達、あいつら）

○あっどんがいうこた　ちっとんあてにゃならん

●あの人達の言うことは　少しも信用できない

15

あてごちょく（頼んでおく、任せておく）

○こんしごた　あんたにあてごちょくかい　ちゃんとやちくんないよ

●この仕事は　あなたに任せておくから　しっかりやってくださいよ

16

あてっぽす（当てずっぽう、当て推量）

○せんせいがしつもんしやったかい　あてっぽすでこたえたら　おうちょったた

●先生が質問されたから　当てずっぽうで答えたら　合っていた

17

あてんならん（信用できない）

○ありがいうこた　あんまりあてんならんど

●あいつの言うことは　あまり信用できないぞ

18

あとげる（引き返す）

○ここまじきて　あとげっとも　よいならんな

●ここまで来て　引き返すのも　大変だな

19

あば（新品）

○ようふくもくつも　ぼど　あばんなったね

●洋服も靴も　みんな　新品になったね

20

あもみる（甘く見る）

○あんおとこを　あもみちょっと　やらるっど

●あの男を　甘く見ていると　やられるぞ

21

あらけ（屋敷の外）

○ばさんな　あらけんでて　だれかとかたりよりゃったど

●婆ちゃんは　屋敷の外に出て　誰かと話していたよ

22

ありが（あいつが）

○ありがいうこた　うそがおいかい　いっつもだまかさるっとよ

●あいつが言うことは　嘘が多いから　何時も騙（だま）されるのよ

23

あれしのべ（食事の後片付け）

○さっさとくわにゃ　あれしのべが　おすなっど

●さっさと食べないと　後片付けが　遅くなるぞ

24

あんがきゃ（あの野郎は）

○あんがきゃ　なんぶいうてん　ききゃせんど

●あの野郎は　いくら言っても　聞きはしないぞ

25

あんげな（あんな、あのような）

○うちんひとは　いつでんあんげなこつ　いやっとよ

●家（うち）の主人は　何時でもあんなことを　言うのよ

26

あんころ（あの頃）

○こんしゃしんぬみっと　あんころは　みんなわけかったな

●この写真を見ると　あの頃は　みんな若かったな

27

あんたげ〈わりげ、わげ〉（あなたの家）

○あんたげは　きょでが　なんにんじゃったや

●あなたの家（いえ）は　兄弟が　何人だったですか

28

あんどした（飽（あ）きがきた）

○しょうがた　めえにちおせちりょうりで　あんどした

●正月は　毎日おせち料理で　飽きがきた

29

あんどん（あの人達）

○あんどんな　カラオケがすきじゃがな

●あの人達は　カラオケが好きだよな

30

あんぷな（危ない、危険な）

○あんやた　ときどき　あんぷなこつすっとよ

●あいつは　時々　危ないことをするのよ

31

あんべ（具合、調子）

○とうちゃんな　あんべがわりして　ねちょりゃっとよ

●お父さんは　具合が悪くて　寝ているのよ

32

あんべらしゅ（うまい具合に）

○よめとしゅうとんなかを　あんべらしゅ　とりもってくり

●嫁と姑の仲を　うまい具合に　取り持ってくれ

33

いいごつ（いいように）

○そんげいうとなら　あんたん　いいごつしないよ

●そんなに言うのなら　あなたの　いいようにしなさいよ

34

いいなんな（言わないで）

○わちが　さいばんいんになったこた　だれにもいいなんな

●私が　裁判員になったことは　誰にも言わないで

35

いが（いいよ）

○あとでかたづくるかい　そんままにしちょってといが

●後で片づけるから　そのままにしておいていいよ

36

いかった（よかった）

○きぼうのがっこん　ごうかくしていかったね

●希望の学校に　合格してよかったね

37

いかろ（いいだろう）

○きゅはぬきかい　セーターどま　きらんでいかろ

●今日は温(あたた)かいので　セーターなど　着なくていいだろう

38

いかんした〈ゆかんした〉（床下（ゆかした））

○こんまえんおおあめんときゃ　いかんしたまじみずがきたど

●この前の大雨の時は　床下まで水が来たよ

39

いかんとや（行かないの）

○あんたどま　ちょうのけんしんにゃ　いかんとや

●あなた達は　町の検診には　行かないの

40

いかんめや（行かないことにしよう）

○たいふうがきよるかい　うみづりにゃ　いかんめや

●台風が襲来（しゅうらい）しているから　海釣りには　行かないことにしよう

41

いきない（行きなさい）

○あそびんいきてつなら　はよいきない

●遊びに行きたいのなら　早く行きなさい

42

いきならんや（行きませんか）

○きゅは　さんかんびじゃげなが　いきならんや

●今日は　参観日だそうだが　行きませんか

43

いきゃった（行かれた、出掛けられた）

○ここへんのひとは　みんなちょうみんさいに　いきゃったよ

●この辺の人は　みんな町民祭に　出掛けられたよ

44

いきゃならん（行ってはいけない、行くことが出来ない）

○おおみずがでちょるかい　かわにゃ　いきゃならんど

●大水が出ているから　川には　行ってはいけないぞ

45

いきわからん（道理が分からない）

※木脇地区

○おまえにゃ　なんぶゆてきかせてん　いきわからんかい　てにゃわん

●お前には　いくら言って聞かせても　道理が分からないから　仕方がない

46

いくど〈いこや〉（行こう）

○がっこにおくるるかい　はよいくど

●学校に遅れるから　早く行こう

47

いくとや（行くのですか）

○あんたどま　あさはよかい　どこんいくとや

●あなた達は　朝早くから　何処へ行くのですか

48

いくらう〈よくらう〉（酔っ払う）

○ひるかいのんじょるむんじゃかい　てげいくろた

●昼から飲んでいるもんだから　ずい分酔っ払った

49

いくる（埋める、よく飲める）

○けしんだいぬは　かそうしてもろち　うらんやまんいくっといわ

●死んだ犬は　火葬してもらって　裏の山に埋めるといいわ

50

いこっちゃ（いいよ、いいじゃないか）

○こしがいてぐれで　そんげきにせんで　いこっちゃ

●腰が痛いぐらいで　そんなに気にしなくても　いいじゃないか

51

いしてえ（水をかぶった時などに発する言葉）

○おっかんのかおに　みずをひっかけたら「いしてえ」て　いやった

●母さんの顔に　水をかけたら「いしてえ」と　言った

52

いっかやす〈ひっかやす〉（ひっくり返す、こぼす）

○おちゃを　いっぺついでもっちくと　いっかやすど

●お茶を　一杯注いで持って行くと　ひっくり返すぞ

53

いっこ（一向）

○じかんがすぎたつに　いっここんが　どしたっちゃろかい

●時間が過ぎたのに　一向に来ないが　どうしたんだろうか

54

いっちゃが（いいよ、いいんだよ）

○こんふくは　ふりっちゃかい　よごれてんいっちゃが

●この洋服は　古いんだから　汚れてもいいんだよ

55

いっちょごし（ひとつおき、交互に）

○うんどうかいのダンスんときゃ　あかとしろが　いっちょごしなるじょったね

●運動会のダンスの時は　赤と白が　交互に並んでいたね

56

いっちょれ（行っておれ）

○おらあとかいくるかい　おまえどま　さきいっちょれ

●俺は後から行くから　お前達は　先に行っておれ

57

いっぺこっぺ（あちらこちら）

○バスツアーで　いっぺこっぺ　みてさるいたかいいかった

●バスツアーで　あちらこちら　見て回ったからよかった

58

いっぽかっち（左右逆のこと）

○おまや　じょりをいっぽかっち　ふんじょっど　はよふみかえんか

●お前は　草履（ぞうり）を左右逆に　履（は）いているぞ　早く履きかえないか

59

いつまっでん（何時までも）

○いつまっでん　あすじょらじ　はよふろんへらんか

●何時までも　遊んでいないで　早く風呂に入らんか

60

いて（痛い）

○よんべかい　いがいてつよ　いまかいいしゃどんにいてみるわ

●昨夜から　胃が痛いのよ　今から医者に行ってみるわ

61

いてくる〈いちくる〉（行ってくる）

○ちったはえけんどん　ちくのあつまりんいてくるわ

●少しは早いけど　地区の集会に行ってくるよ

62

いてみろ〈いちみろ〉（行ってみよう）

○たいいくかんで　のどじまんたいかいがあるげなが　いてみろや

●体育館で　のど自慢大会があるそうだが　行ってみようや

63

いど（いいよ）

○おれがおごるかい　すきなむんぬ　くていど

●俺がご馳走するから　好きなものを　食べていいよ

64

いどかい（いいだろうか）

○よかはながさいちょるが　いっぽんもろて　いどかい

●いい花が咲（さ）いてるが　一本もらって　いいだろうか

65

いどこじゃねが（いいですよ、結構ですよ）

○いどこじゃねが　トマトならどっさんあるかい　なんぶでんもっちきない

●いいですよ　トマトなら沢山あるから　幾らでも持って行きなさい

66

いどん（いいけど）

※八代地区

○おらどっちでんいどん　おまや　どんげかんげちょっとや

●俺はどちらでもいいけど　あんたは　どのように考えているの

67

いなるごつ（言われるまま、言われるとおり）

○わたしゃなんもわからんかい　あんたん　いなるごつでいが

●私は何も分からないから　あなたの　言われるとおりでいいよ

68

いみる（増える）

○せんぎりを　みずんつけちょったら　てげいみっちょった

●千切りを　水に浸けておいたら　ずい分増えていた

69

いめましい（うるさい）

○あんたどま　いめましいね　ちったおとなしゅしちょきない

●あなた達は　うるさいね　少しはおとなしくしてなさい

70

いやしんごろ（食いしん坊）

○おまや　いやしんごろじゃかい　なんでんくうね
●お前は　食いしんぼうだから　なんでも食べるね

71

いやっど（言われるよ）

○かんとくは　チームワークがいちばんて　いっつもいやっど
●監督は　チームワークが一番だと　いつも言われるよ

72

いらんこっちゃ（余計（よけい）なことだ）

○おれがなにしよと　もんくをいうな　いらんこっちゃ
●俺が何をしようと　文句を言うな　余計なことだ

73

いわざった（言わなかった）

○わたしゃ　あんたんわるぐちゃ　いわざったよ
●私は　あなたの悪口は　言わなかったよ

74

いわにゃど（言いなさいよ）

○がっこうで　どかあっときゃ　せんせいに　はよいわにゃど

●学校で　具合が悪い時は　先生に　早く言いなさいよ

※八代地区

75

いわねな（よくはないか、いいのではないか）

○てげはんせいしちょるかい　もうこらえてやって　いわねな

●ずい分反省しているから　もう許してやって　よくはないかね

76

いんがほゆる（犬が吠える）

○よんべは　いんがほゆるむんじゃかい　ねむれんかった

●昨夜は　犬が吠えるものだから　寝れなかった

77

いんまぼくよ（今に大変なことになるよ）

○そんげなとこで　ひどんもやしよっと　いんまぼくよ

●そんな処で　火なんか燃（も）やしていると　今に大変なことになるよ

78

ういな（**不調法**（ぶちょうほう））

○わら　ういなかい　なにさせてんだめじゃね

●お前は　不調法だから　何をさせても駄目だね

79

うごつ（**大変なこと**）

○やぼんなかはきをつきよ　マダニんかんつかれたら　うごっと

●藪（やぶ）の中は気を付けろよ　マダニに嚙（か）まれたら　大変だぞ

80

うぜらし（**うるさい、手足まとい**）

○そんげよっつくと　うぜらししてたまらん

●そんなに寄り付くと　うるさくて仕方がない

81

うちへん（**うちあたり、隣近所**）

○うちへんじゃ　そんげなことばはつかわんど

●家（うち）あたりでは　そんな言葉は使わないよ

82

うっかぶる（責任を負う）

○ひとがいいむんじゃかい　なんでんひとっで　うっかぶっとよ

●お人好しだものだから　何でも一人で　責任を負うのよ

83

うっくえる（壊れる）

○スマホがうっくえたかい　あたらしつこたど

●スマホが壊れたので　新しいのを買ったよ

84

うっころす（殺す）

○こうていえきんときゃ　うしをてげうっころしたな

●口蹄疫（こうていえき）の時は　牛をずい分殺したな

85

うっする（捨（す）てる、無くす）

○くるまんキーを　どっかで　うっせたむんな

●車のキーを　何処（どこ）かで　無くしたのよね

86

うっせちょく（すておく、放（ほう）っておく）

○どんげしてん　なきやまんけりゃ　うっせちょけ

●どうしても　泣きやまなければ　放っておけ

87

うったくる（売り払う）

○たもはたけも　ぼどうったくったげな

●田も畑も　全部売り払ったそうだ

88

うったつ（出発する、始める）

○ぼちぼちうったたんと　ひこうきん　まにあわんど

●そろそろ出発しないと　飛行機に　間に合わないぞ

89

うっちょく（置き去りにする）

○さっさとあるかにゃ　みんなに　うっちょかるっど

●さっさと歩かないと　みんなに　置き去りにされるぞ

90

うっちらかす（強く打つ）

○はしらんかどで　びんたを　うっちらかした

●柱のかどで　頭を　強く打った

91

うっとまる（止まる）

○ポンコツんくるまで　ドライブをしよったら　とちゅうでうっとまった

●ポンコツ車で　ドライブをしていたら　途中で止まった

92

うっぱがす（剝がす）

○むかしの　ふりポスターは　ぼどうっぱがせ

●昔の　古いポスターは　全部剝がしてしまえ

93

うてさるく（追いかける）

○おまやわけころは　おなごんこをみっと　うてさるきよったがね

●お前は若い頃は　女の子を見ると　追いかけていたよね

94

うてなうな（相手にするな）

○よっぱらいにゃ　あんまり　うてなうなよ

●酔っ払いには　あまり　相手にするなよ

95

うど（大きい、太い）

○さかなつりんいたら　うどが　なんびきもくいったど

●魚釣りに行ったら　大きいのが　何匹も釣れたよ

96

うどまかす（酷い目にあわせる）

○おまや　いうこつきかんと　うどまかすど

●お前は　言うことを聞かないと　酷い目にあわせるぞ

97

うべる（薄める、冷ます）

○ふろんゆがあちして　へられんかい　みずでうべちょけ

●風呂の湯が熱くて　入ることが出来ないので　水で冷ましておけ

98

うめ（美味しい、うまい）

○はらがへっちょっときゃ　なにくてんうめわ

●腹が減っている時は　何を食べても美味しいわ

99

うめむんじゃ（美味しいもんだ）

○ここんりょうりは　うめむんじゃ　にっぽんいちじゃ

●ここの料理は　美味しいもんだ　日本一だ

100

うんだく（抱く）

○あかごを　うんだくときゃ　くびんきをつきよ

●赤ちゃんを　抱く時は　首に気を付けろよ

101

うんだまあ（あらまあ）

○うんだまあ　いつのまにか　あんげおっこねなっちょりゃるが

●あらまあ　いつの間にか　あんなに大きくなっておられるが

102

うんにゃ（いやいや）

○わがよめじょは　べっぴんさんじゃね　うんにゃそんげでんねわ

●お前の奥さんは　美人だね　いやいやそうでもないよ

103

うんぬく（追い抜く）

○うんどうかいで　スタートはおしかったけんどん　ぼどうんぬいていっとうになったど

●運動会で　スタートは遅かったけど　みんな追い抜いて一等になったよ

104

えいかん（行くことが出来ない）

○わしゃ　あしがいてして　どこんもえいかん

●私は　足が痛くて　何処にも行くことが出来ない

105

えおけん（起きることが出来ない）

○あさは　どしてん　はよは　えおけんがな

●朝は　どうしても　早くは　起きることが出来ないがね

106

えかなわん（勝てない、勝ち目がない）

○あんひとにゃ　なにしてん　えかなわん

●あの人には　何をしても　勝つことができない

107

えざる（後退（こうたい）する）

○サッカーのしあいは　せめたりえざったりで　せんしゅもよいならんな

●サッカーの試合は　攻めたり後退したりで　選手も大変だな

108

えじ（ずるい）

○ひとがみちょらんでん　えじこつすっといかんど

●他人が見ていなくても　ずるいことをするといけないよ

109

えしれんこつ（つまらないこと）

○えしれんこつばっかい　いうちょらじ　べんきょせんか

●つまらないことばかり　言ってないで　勉強をしないか

110

えぞろし（気味が悪い）

○わたしゃ　へびをみっと　えぞろしして　たまらんとよ

●私は　蛇を見ると　気味が悪くて　たまらないのよ

111

えれこつ〈どやつ〉（沢山、一杯）

○けんちょんまえにゃ　ひとがえれこつ　あつまっちょったど

●県庁の前には　人が沢山　集まっていたよ

112

えれこっちゃ（大変なことだ）

○かくせんそうどんがはじまったら　えれこっちゃど

●核戦争などが始まったら　大変なことだぞ

113

えれむんじゃ（えらいことだ、あきれたもんだ）

○アメリカじゃ　ひとがじゅうをもつこた　けんりじゃげな　えれむんじゃ

●アメリカでは　人が銃を持つことは　権利だそうだ　あきれたもんだ

114

えれめ（酷(ひど)い目）

○きぬは　くさかりゅしよったら　どくむしんさされち　えれめんおた

●昨日は　草刈りをしていたら　毒虫にさされて　酷い目にあった

115

えろはえな（ずいぶん早いな）

○みせをあくっとが　はちじた　えろはえな

●店を開けるのが　八時とは　ずいぶん早いな

116

おいちょく（置いておく）

○こてきたしなむんな　こきおいちょくど

●買って来た品物は　ここに置いておくよ

117

おおきん（有難う）

○せわになったうえに　みやげまじもろて　おおきんな

●世話になった上に　土産(みやげ)までもらって　有難うね

118

おおちみる（会ってみる）

○むすこが　よめじょをもらうていうかい　いっぺんおおちみるわ

●息子が　嫁をもらうと言うから　一度会ってみるわ

119

おがつ〈おれんと〉（俺の物）

○こんかさは　おがっちゃが　どきおいちゃったや

●この傘は　俺の物だが　何処に置いてあったかな

120

おくっちくり（送ってくれ）

○ばさんぬ　びょういんまじ　くるまでおくっちくり

●婆ちゃんを　病院まで　車で送ってくれ

121

おげん〈おりげん、うちげん〉（うちの、俺の家の）

○おげんおやじも　むかしゃ　たばこをすいよりやったど

●うちの親父も　昔は　タバコを吸っていたよ

122

おけんか（起きなさい）

○はよおけんか　いつまっでんねちょっと　がっこんおくるっど

●早く起きなさい　いつまでも寝てると　学校に遅れるぞ

123

おごる（騒ぐ）

○きょうしつでおごっと　せんせいかい　やけらるっど

●教室で騒ぐと　先生から　怒られるぞ

124

おじ（恐い）

○ちゅうがっこんころは　じょうきゅうせいが　おじかったがな

●中学校の頃は　上級生が　恐かったがね

125

おしたくる（押しまくる）

○かいてんセールにいたら　ひとがおいして　おしたくられた

●開店セールに行ったら　人が多くて　押しまくられた

126

おしょる（折る）

○てつぼうをしよったら　けおてて　てをおしょった

●鉄棒をしていたら　落下して　手を折った

127

おすなった（遅（おそ）くなった）

○でがけに　ひとがきたむんじゃかい　おすなった

●出掛ける時に　人が来たものだから　遅くなった

128

おせらし（大人びた）

○おまやちかごろ　えろおせらしこついうね

●お前は近頃　とても大人びたことを言うね

129

おぞむ（目を覚（さ）ます）

○あかごがおぞむかい　おっこねこえをだすなよ

●赤ちゃんが目を覚ますから　大きい声を出すなよ

130

おっこね〈おっけね〉（大きい）

○がっこうじゃ　まちっとおっこねこえで　はっぴょうせにゃ

●学校では　もう少し大きい声で　発表しなくちゃ

131

おっちゅ（オス）

○こんメジロは　おっちゅじゃかい　よかこえでなくど

●このメジロは　オスだから　いい声で鳴くぞ

132

おっとる（盗む）

○ぬすどがへって　ぜんぬなんぶか　おっとられた

●泥棒が入って　お金を幾らか　盗まれた

133

おっどん〈おんどん、わちどん〉（俺達、私達）

○おっどんがつれは　みんなげんきなど

●俺達の仲間は　みんな元気だよ

134

おてちて（落ち着いて）

○どこへんでおとしたつか　おてちて　かんがえてんない

●どの辺で落したのか　落ち着いて　考えてごらん

135

おてちょる（落ちている）

○ぎんなんが　こうえんのひろばに　なんぶでんおてちょっど

●銀杏が　公園の広場に　幾らでも落ちているよ

136

おどな（図々しい）

○あんやた　おりよりわけくせん　おどながね

●あいつは　俺より若いくせに　図々しいがね

137

おなずく（仰向く）

○おなずいて　くちをあけちみよ　のどがはれちょっどが

●仰向いて　口を開けてみろ　喉が腫れてるだろう

138

おねどし（同い年）

○あんやた　ふけてみゆるけんどん　おれとおねどしど

●あいつは　年老いて見えるけど　俺と同い年だよ

139

おぼえちょらん（記憶にない、覚えていない）

○よんべはのみすぎて　どんげしてもどったつか　おぼえちょらん

●昨夜は飲み過ぎて　どんなにして帰ったのか　覚えていない

140

おまや（お前は、あんたは）

○おまや　なんぶんとき　よめじょをもろたつか

●お前は　いくつの時に　嫁をもらったのか

141

おもしり（面白い）

○ちかごろんテレビは　おもしりばんぐみが　あんまりねがな

●近頃のテレビは　面白い番組が　あまりないよな

142

およばん（容易でない、大変だ）

○なんやかんや　やくをあてがわれち　およばんとよ

●何やかにや　役職を与えられて　大変なんだよ

143

おらん（居ない）

○あしては　うちんきなってん　だれんおらんかいな

●明日は　家（うち）に来られても　誰れも居ないからな

144

おりゃらん〈おんならん〉（居ない、いらっしゃらない）

○ここへんのじゅうたくにゃ　わけむんな　ひとりもおりゃらんよ

●この辺の住宅には　若い人は　一人も居ないよ

145

おるめ（居ないだろう）

○あけがたまじ　のんでさるく　としよりゃ　めっておるめ

●明け方まで　飲み歩く　老人は　めったに居ないだろう

146

かい（痒い）

○なんでかしらんが　せなかがかいして　たまらん

●何故か分からないが　背中が痒くて　たまらない

147

かえっど（帰るよ）

○ごろんさまがなっだしたが　あめがふっださんうち　はよかえっど

●雷が鳴り出したよ　雨が降り出さないうちに　早く帰るぞ

148

ががじゅ（出来そこない）

○いちごがなったけんどん　ががじゅばっかいじゃ

●苺が実をつけたけど　出来そこないばかりだ

149

かかじる（掻く）

○あんまりかかじっと　ばいきんがへっど

●あまり掻くと　ばい菌が入るぞ

150

かかる（さわる）

○くちんはたん　でけむんにゃ　あんまりかかっといかんど

●口の周りの　できものには　あまりさわるといけないよ

151

がきされ（憎い奴、馬鹿野郎）

○あんがきされが　またいしゅなげち　まどガラスをわったげな

●あの馬鹿野郎が　また石を投げて　窓ガラスを割ったそうだ

152

かきのらん（間に合わない）

○そんげゆっくりしちょっと　バスにかきのらんど

●そんなにゆっくりしていると　バスに間に合わないぞ

153

かざる（臭う）

○らっきょをくて　しごつにいくと　かざっど

●らっきょうを食べて　仕事に行くと　臭うよ

154

かし（加勢、手伝い）

○あそんでばっかいおらじ　ちった　かしをせにゃ

●遊んでばかりおらずに　少しは　手伝いをしなくちゃ

155

かしてん（貸してよ、貸してくれ）

○よかグローブをもっちょるが　ちょっかしてん

●立派なグローブを持っているが　ちょっと貸してよ

156

がじむる（独り占めにする）

○とうちゃんが　こてきてくんなったおもちゃを　しゃちががじめちょっとよ

●お父さんが　買って来てくださったおもちゃを　弟が独り占めにしてるのよ

157

かたもり（交互に）

○めしとおかずは　かたもり　くわにゃいかん

●ご飯とおかずは　交互に　食べなくちゃいけない

158

かたる（話す、喋る）

○あんこは　おっかさんににて　ゆうかたるがな

●あの子は　お母さんに似て　よく喋るよな

159

がっつい〈がっつり〉（丁度）

○ちったせめけんどん　ひとっですむとにゃ　がっついよかど

●少し狭いけど　一人で住むのには　丁度いいよ

※八代地区

160

かってごろ（わがままな人）

○あんやた　かってごろじゃかい　つきあわんほがいど

●あいつは　わがままな人間だから　付き合わない方がいいよ

161

かっとしゅ（至る所）

○うらんやまにゃ　たけんこが　かっとしゅでちょるが

●裏の山には　竹の子が　至る所に出ているよ

162

かまえちょく（準備しておく）

○こんにゃは　ごっそをかまえちょくかい　きてくんない

●今夜は　ご馳走を準備しておくから　来てください

163

がまる（我を通す）

○そんげがまらじ　ちったひとんはなしを　きいてみよ

●そんなに我を通さずに　少しは人の話を　聞いてみろ

164

かやす（文句を言う、反論する）

○なんじゃかんじゃ　かやすかい　おいかえしたど

●何やかにゃ　文句を言うから　追い返したぞ

165

からう（背負（せお）う）

○むかしゃ　みんなあかごをかるて　さるきよったがな

●昔は　みんな赤ん坊を背負って　歩いていたよな

166

がらるる（叱られる）

○いえんなかで　はしりまわんな　まさんかいがらるるっど

●家の中で走り回るな　爺さんから叱られるぞ

※八代地区

167

かりかご（背負いかご）

○おっどんな　かりかごをかるて　くさかりいきよったがな

●俺達は　背負いかごをしょって　草刈りに行っていたよな

168

かんげんね（思慮のない）

○かんげんねこつ　するむんじゃかい　なんもかんもうっくずしてしもた

●思慮のないことを　するもんだから　何もかも壊してしまった

169

かんさまめり（神様参り、神社参り）

○しょうがつがきたかい　みんなでかんさまめりいくど

●正月が来たので　みんなで神社参りに行くよ

170

がんたれ（まともでない人、不良）

○こんまえは　がんたれどんが　ぜんかりきたげな

●この前は　まともでない奴らが　金借りに来たそうだ

171

かんつく（噛(か)みつく）

○スッポンが　かんつくとはなさんかい　てをだすとあぶねど

●スッポンが　噛みつくと放さないから　手を出すと危いぞ

172

かんなし（考えが足りない）

○おまやかんなしじゃね　なんでん　まちっとかんがえてせにゃ

●お前は考えが足りないね　何事も　もう少し考えてしなくては

173

ぎ（理屈(りくつ)）

○ひとんはなしゃ　だまってきけ　ぎをいうな

●人の話は　だまって聞け　理屈を言うな

※八代地区

174

きかんむんじゃ（聞かないものだ）

○なんぶいうてん　きかんむんじゃ　もういいごつしよ

●いくら言っても　聞かないもんだ　もういいようにしろ

175

きくっど（効果があるぞ、酔いがまわるぞ）

○かぜをひいたときゃ　こんくすりが　いちばんきくっど

●風邪を引いた時は　この薬が　一番効果があるぞ

176

ぎすたれ（ひょうきん者）

○あんぎすたれが　またばかんよなこつしよるが

●あのひょうきん者が　また馬鹿みたいなことをしてるよ

177

きち（きつい）

○にわん　くさかりゅしたら　からだがきちわい

●庭の　草刈りをしたら　体がきついわ

178

きちょる（来ている、着ている）

○かいてんまじ　にじかんもあっとに　もうきゃくがきちょるが

●開店まで　二時間もあるのに　もう客が来ているぞ

179

きっさね（汚い）

○トイレは　めえにちそうじをしちょかにゃ　きっさねど

●トイレは　毎日掃除をしておかないと　汚いよ

180

きったくる（切る、切りまくる）

○そこへんのたけは　ぼどきったくってくんない

●その辺の竹は　全部切ってちょうだい

181

ぎっちょ（左利き）

○ぎっちょんむんな　きよなていうが　まこっちゃろかい

●左利きの者は　器用だと言うけど　本当だろうか

182

きない〈きてん〉（おいで、来なさい）

○ここきてんない　みたこつのねとりがおっど

●ここに来てごらん　見たことのない鳥がいるよ

183

きばっちみろ（頑張ってみよう）

○うらかたんしごた　よいならんが　みんなできばっちみろや

●裏方の仕事は　大変だが　みんなで頑張ってみようや

184

きびる（縛る）

○にづくりすっときゃ　ちゃんときびらにゃ　ばらくっど

●荷造りをする時は　しっかり縛らなければ　ばらけるよ

185

きやった（みえた、おいでになった）

○けんがいかい　かんこうきゃくが　ぎょうさんきやったな

●県外から　観光客が　沢山みえたな

186

ぎょっさん〈どやっ、どっさん〉（沢山、一杯）

○となんのおばんが　キュウリを　ぎょっさんくりゃったど

●隣のおばさんが　キュウリを　沢山くださったよ

187

ぐあいと（うまい具合に、上手に）

○てんこうせいで　なんもわからんかい　ぐあいとおそえちやれよ

●転校生で　何にも分からないから　うまい具合に教えてやれよ

188

くいる〈くいっど〉（釣れる）

○あっこんかわじゃ　こいがなんぶでんくいっど

●あそこの川では　鯉がいくらでも釣れるよ

189

くがいっちょる（しっかりしている）

○まだようちえんせいじゃげなが　えろくがいっちょっどね

●まだ幼稚園生だそうだが　とてもしっかりしているよね

190

くさるっだき（**腐**(くさ)**るほど**）

○ことしゃ　なんばんが　くさるっだきでけたど

●今年は　南瓜(かぼちゃ)が　腐るほどできたぞ

191

くじ〈ひちくじ〉（**くどい**）

○なんべんもおんなじこついいなんな　まこちくじむんじゃ

●何度も同じことを言わないで　本当にくどいもんだ

192

くせらし（**大人びた、生意気**(なまいき)**な**）

○テレビをみちょっと　ちかごろんこは　くせらしこつゆどね

●テレビを見ていると　最近の子どもは　大人びたことを言うもんだね

193

くそをひる（**うんこをする、脱糞**(だっぷん)**する**）

○えこらえんごつなって　やぼんなかで　くそをひった

●我慢出来なくなって　藪(やぶ)の中で　うんこをした

194

くぶる（火の中に物を投げ込む）

○スプレーのかんどん　ひのなかんくぶっとあぶねど

●スプレーの缶など　火の中に投げ込むと危ないぞ

195

くむん（食べる物）

○はらがへってたまらん　なんか　くむんなねどかい

●空腹でどうしようもない　何か　食べる物はないだろうか

196

くらすみ（くらがり、くらやみ）

○わっどま　こんげなくらすみで　なにしよっとか

●君達は　こんなくらがりで　何をしているのか

197

くらする（殴る、叩く）

○おまえどま　おなごんこをこなすと　くらすっど

●お前達は　女の子をいじめると　殴るぞ

198

くるる（あげる）

○レタスのなえをつくっちょるかい　いればくるっど

●レタスの苗を作っているから　ほしければあげるよ

199

くろずく〈くるずく〉（下を向く）

○あんまりくろずいてあゆむと　こうつうじこんあうど

●あまり下を向いて歩くと　交通事故に遭うよ

200

くろた（食べた）

○ドッグフードをこてきて　いんにくゎせたら　ぺらっくろたど

●ドッグフードを買って来て　犬に食べさせたら　全部食べたよ

201

くんだり（下り）

○やまんなかを　のんぼりくんだりして　あゆんだらひんだれた

●山の中を　登り下りして　歩いたら疲れた

202

くんな（来るな）

○おまや　まだみせいねんじゃかい　こんげなときくんな

●お前は　まだ未成年だから　こんな所に来るな

203

くんない〈くりゃい〉（ください、ちょうだい）

○はらがへってたまらん　なんかくわせちくんない

●腹が減って仕方がない　何か食べさせてください

204

げ（びり）

○おりげんむすこは　だりにたつかしらんが　はしぐらはいっつもげじゃ

●家（うち）の息子は　誰れに似たのか知らないが　かけっこは何時もびりだ

205

けくされが（馬鹿者が）

○こんけくされが　そんげなわりこつばっかいしよっと　ひっつかまっど

●この馬鹿者が　そんな悪いことばかりしていると　捕まるぞ

206

けくされる（腐る）

○なまむんな　れいぞうこにいれちょかんと　けくさるっど

●生ものは　冷蔵庫に入れておかないと　腐るぞ

207

けくりかやす（蹴り倒す）

○むかしなら　なんじゃかんじゃぎをいうと　けくりかやされよったわ

●昔だったら　何やかにゃ理屈を言うと　蹴り倒されていたわ

208

けさめる〈**けさむる**〉（冷める、冷える）

○はよくわんと　りょうりがけさむっど

●早く食べないと　料理が冷めるよ

209

けしなぶる（しなびる）

○ひがついかい　とったやせを　ひなたんおいちょくと　けしなぶるっど

●日差しが強いから　収穫した野菜を　日なたに置いておくと　しなびるぞ

210

けしんめ〈さかしんめ〉（裏返し）※「けしんめ」には、「死ぬ目」という意味もある

○あんたがきちょる　したぎをみてんない　けしんめになっちょるよ

●あなたが着ている　下着を見てごらん　裏返しになってるよ

211

けすわる（座る、へたり込む）

○マラソンたいかいにでたら　とちゅうで　けすわった

●マラソン大会に出場したら　途中で　へたり込んだ

212

けたくそがわり（気持ちがよくない）

○かげでわるくちをいわるっと　けたくそがわりがね

●陰で悪口を言われると　気持ちがよくないよね

213

けったくる（蹴る）

○キックボクシングは　きゅうしょをけったくられたら　おわりじゃ

●キックボクシングは　急所を蹴られたら　終わりだ

214

げどされ（馬鹿者、阿呆者）

○げどされどんが　よなかにバイクをのりまわしよるが

●馬鹿者共が　夜中にバイクを乗り回しているが

215

けみ（煙い）

○たきむんでふろをわかすころは　けみしてなみだがでよったど

●薪で風呂を沸かす頃は　煙くて涙が出ていたぞ

216

けれる（生まれる）

○となりじゃ　いんのこが　ろっぴきもけれたげな

●隣では　犬の子が　六匹も生まれたそうだ

217

けわすれる（忘れる）

○ちかごら　なんでん　けわするるこつがおいがな

●近頃は　何でも　忘れることが多いがな

218

げんだごろ〈げんだぼ〉（悪ん坊）

○わらこどもんころは　げんだごろじゃったがね

●お前は子どもの頃は　悪ん坊だったよね

219

こえちょる（太っている）

○ちっとどま　こえちょるほが　みりょくてきじゃが

●少しぐらいは　太っている方が　魅力的だよ

220

こき（ここに）

○かたをもんでやるかい　こききてんない

●肩を揉（も）んでやるから　ここに来てごらん

221

こさぎだす（引っ張（ぱ）り出す）

○たなんなかん　ふりどうぐを　ぼどこさぎだせ

●棚の中の　古い道具を　全部引っ張り出せ

222

こさぐ（強くこする）

○なべんそこを　そんげこさぐと　あながほぐっど

●なべの底を　そんなに強くこすると　穴が開くぞ

223

ごたまし（太くて大きい）

○ちかくでみっと　やっぱりすもとりゃ　ごたましな

●近くで見ると　やはり力士は　太くて大きいな

224

こちくる（買ってくる）

○りょこうにいたときゃ　いつでんみやげを　こちくっとよ

●旅行に行った時は　何時でも土産を　買ってくるのよ

225

こっさね（こちらの方へ）

○ちょうちょうさんげは　こっさねいけば　つきあたりじゃが

●町長さんの家は　こちらの方へ行けば　突き当たりだよ

226

ごっそ（ご馳走）

○これだは　あんたげで　てげごっそんなったな

●この前は　あなたの家で　ずいぶんご馳走になったね

227

こっでいが（これでいいよ）

○あさはよかい　みんなでくさむしりをしよっとよ　もうこっでいが

●朝早くから　みんなで草取りをしてるのよ　もうこれでいいよ

228

こっでこす（これでこそ）

○やっとたうえがすんだど　こっでこすばんしゃくも　ゆっくりでくるわ

●ようやく田植えが終ったぞ　これでこそ晩酌も　ゆっくり出来るわ

229

こっどん（この人達）

○こっどんな　みんなけんどうをならいよっとど

●この子達は　みんな剣道を習っているのよ

230

こてくた（買って食べた）

○かいすいよくんいたとき　でみせで　アイスをこてくた

●海水浴に行った時　出店で　アイスを買って食べた

231

ことかす（呼び掛ける、声を掛ける）

○はんのあつまりんいきなっときゃ　ことかしてくんないよ

●班の集まりに行かれる時は　声を掛けてくださいね

232

こどり（手伝い）

○いねかりでみんないそがしっちゃかい　おまえもこどりをせにゃ

●稲刈りでみんな忙しいんだから　お前も手伝いをしろ

233

ころしゅ（意外に、めずらしく）

○ころしゅ　はよおけたとおもえば　きゅはえんそくじゃね

●めずらしく　早く起きたと思えば　今日は遠足だね

234

こどん（子ども達）

○あんこどんな　いっつもゲームをして　あすじょっど

●あの子ども達は　何時もゲームをして　遊んでいるよ

235

こなす（いじめる）

○てんこうせいを　こなすといかんど　やさしゅうしてやれよ

●転校生を　いじめるといけないぞ　優しくしてやれよ

236

こねだ（この間、この前）

○こねだは　なんねんぶりかで　しゃかんたけにのぼった

●この前は　何年ぶりかで　釈迦ヶ岳に登った

237

こめ〈こんめ〉（小さい）

○すいかをつくったけんどん　みんなたまがこめわ

●西瓜を作ったけど　みんな玉が小さいわ

238

こもなった（小さくなった）

○せんたかさを　はかちもろたら　こもなっちょった

●背の高さを　計って貰ったら　小さくなっていた

239

こりかい（これから）

○こりかいさきゃ　みちがせめして　くるまじゃいかれんど

●これから先は　道が狭くて　車じゃ行けないぞ

240

こんか（来ないか、おいで）

○こんにゃ　のんかたをすっとじゃが　われんこんか

●今夜　飲み会をするんだが　お前も来ないか

241

こんがきゃ（この野郎は、この餓鬼（がき）は）

○めめたんぬひっつかまえたど　こんがきゃ　にわとりをねらうとよ

●いたちを捕まえたぞ　この野郎は　鶏をねらうんだよ

242

こんくれ（このくらい）

○ざんぎょうまじしてはたらいてん　きゅうりょうは　たったこんくれど

●残業までして働いても　給料は　たったこの位だよ

243

こんげして（このようにして）

○ゴルフんドライバーは　こんげしてにぎっとど

●ゴルフのドライバーは　このようにして握るんだよ

244

こんげど（この野郎、この馬鹿者、この外道(げど)）

○やっとしごつがみつかったつに　こんげどは　もうやめっしもた

●ようやく仕事がみつかったのに　この野郎は　もう辞めてしまった

245

こんげなこつ（こういうこと）

○べんきょうせんかい　つうしんぼは　こんげなこつよ

●勉強しないから　通信簿は　こういうことよ

246

こんこた（このことは）

○ないしょのはなしじゃかい　こんこただれにもいうな

●内緒の話だから　このことは誰にも言うな

247

こんじょくされ（根性が腐っている）

○あんやた　こんじょくされじゃかい　すなおにゃきかんじゃろ

●あいつは　根性が腐っているから　素直には聞き入れんだろう

248

ごんずめんず（一杯押し込む、超満員）

○とうきょうで　でんしゃにのったら　ごんずめんずじゃった

●東京で　電車に乗ったら　超満員だった

249

こんにゃ（今夜）

○おらこんにゃかい　いっときばんしゃくをやむっど

●俺は今夜から　しばらく晩酌をやめるぞ

250

こんまえ（この前、この間）

○こんまえは　どうそうかいで　なつかしともだちんおたど

●この前は　同窓会で　懐かしい友人に会ったぞ

251

こんまま（このまま）

○いにポリープがあるげなが　こんまま　うっせちょくといかんどな

●胃にポリープがあるそうだが　このまま　放置するといけないよな

252

こんむん（来ないもん）

○やくそくのじかんが　すぎちょっとに　まだこんむんな

●約束の時間が　過ぎているのに　まだ来ないもんな

253

さきん（先に）

○おれがさきんいて　うんどうかいの　ばしょをとっちょくわ

●俺が先に行って　運動会の　場所を取っておくわ

254

ざっといかん（簡単にはいかん）

○あんひとにゃ　きをつけない　ざっといかんよ

●あの人には　気を付けなさい　簡単にはいかんよ

255

さでこけた（ころんだ）

○あぜみちで　さでこけち　すねをうっちらかした

●畦道（あぜみち）で　ころんで　脛（すね）を強く打った

256

さでこむ（何もかも一緒に投げ込む）

○あとでかたづくるかい　こやにさでこんじょけ

●後で片付けるから　小屋に一緒に投げ込んでおけ

257

さでどり（根こそぎ取る）

○しろはくろいしゅ　さでどりしちょんね　そんげなつ　ざるごていうとよ

●白は黒石を　根こそぎ取ってるね　そんなのを　ざる碁と言うんだよ

258

さばけん（てきぱき仕事が出来ない、処理が遅い）

○あんひとは　なにさせてん　さばけんがな

●あの人は　何をさせても　てきぱき仕事が出来ないがね

259

ざまがね（みっともない、なりふりがよくない）

○ぜんなもっちょっとに　きちょるむんな　ざまがねな

●金は持っているのに　着てるものは　みっともないね

260

ざまよ（ざまみろ）

○いうこつきかんかい　ばちがあたったつよ　ざまよ

●言うことを聞かないから　罰が当たったんだよ　ざまみろ

261

さむさむがでる（鳥肌が立つ）

○ふろかいあがったつに　はよきせにゃ　さむさむがでけちょっど

●風呂から上がったのに　早く着せないと　鳥肌が立ってるぞ

262

さるく（歩き回る）

○ろうじんかいのりょこうで　あっちこっちさるいたら　ひんだれた

●老人会の旅行で　あちらこちら歩き回ったら　疲れた

263

さんぶ（幼児語：かがんで尻を上げる）

○ばあちゃんがぬぐてやるかい　さんぶをしない

●婆ちゃんが拭いてやるから　かがんでお尻を上げなさい

264

じぇじぇら（ぐずぐず言う）

○いつまっでん　じぇじぇらをいうちょらじ　はよせんか

●何時までも　ぐずぐず言ってないで　早くしないか

265

しかぶる（もらす）

○かみおむつをしちょかんと　しかぶってかいじゃ　どもならんど

●紙おむつをしておかないと　もらしてからでは　どうにもならんぞ

266

したっか（したのか）

○あっこんかべにゃ　だれがらくがきをしたっかね

●あそこの壁には　誰が落書をしたのかね

267

したっちゃが（したよ、したんだよ）

○うんどうこうえんで　グランドゴルフをしたっちゃが

●運動公園で　グランドゴルフをしたんだよ

268

しちぇくれた〈しちくれた〉（してやった）

○となんの　うえきんしょどくは　おりがしちぇくれたつよ

●隣の　植木の消毒は　俺がしてやったのよ

269

しちょらん（していない）

○いそがしして　ぜいきんのしんこくを　まだしちょらんとよ

●忙しくて　税金の申告を　まだしていないのよ

270

しちょる（している）

○インフルエンザん　よぼうちゅうしゃは　もうしちょっど

●インフルエンザの　予防注射は　もうしているよ

271

しったびら〈けったびら〉（尻）

○しりもちゅついて　しったびらをうっちらかした

●尻餅をついて　尻を強打した

272

しっちょる（知っている）

○ふたりがけっこんするこた　まえかいしっちょったど

●二人が結婚することは　以前から知っていたよ

273

しなぶれちょる（しなびている）

○ちぎったなすびを　そんましちょったら　しなぶれちょるが

●もいだナスを　そのままにしていたら　しなびているよ

274

しなりよ（しなさいよ）

○にわきんせんていは　あんたがいいごつしなりよ　そっでいが

●庭木の剪定（せんてい）は　あなたがいいようにしなさいよ　それで結構だよ

275

しなんな（しないで、しなさんな）

○けいさつの　せわんなるよなこた　しなんなよ

●警察の　厄介（やっかい）になるようなことは　しないでよ

276

しのべる（片付ける、仕舞う）

○たいきんぬ　そんげなときおいちょかじ　はよしのべちょけ

●大金を　そんな所に置いておかないで　早く仕舞っておけ

277

しまいなったか（夕食はすみましたか）

○ひさしぶりんきてみたが　もうしまいなったか

●久しぶりに来てみたけど　もう夕食はすみましたか

278

しもた（しまった）

○マスクがうりきれたげな　しもた　はよこうちょけばいかった

●マスクが売り切れたそうだ　しまった　早く買っておけばよかった

279

じゃかいよ（だからよ）

○じゃかいよ　なんでんどりょくしたむんが　むくわるっとど

●だからよ　なんでも努力した者が　報われるのよ

280

じゃがじゃが（そうだそうだ）

○つきにいっぺんどま　のみかたをすや　じゃがじゃがそんげすや

●月に一度ぐらいは　飲み会をしよう　そうだそうだそうしよう

281

じゃけんどん（だが、だけど）

○おれん　りょこうにゃいきてつよ　じゃけんどんうしがおるかいね

●俺も　旅行には行きたいのよ　だけど牛が居るからね

282

じゃこた（そうだ、その通りだ）

○くにのせいじは　こくみんのためんやちもらわにゃいかんな　じゃこた

●国の政治は　国民のためにやってもらわなくてはいかんな　その通りだ

283

しやった（された、なさった）

○めずらしこつ　へやんそうじは　とうちゃんがしやったど

●めずらしいことに　部屋の掃除は　父さんがしたよ

284

じゃったな（そうだったね）

○むかしゃ　ぼんがくっと　たいまつとりいきよったがな　じゃったな

●昔は　盆が来ると　松明（たいまつ）を取りに行ってたよな　そうだったね

285

しゃっち（どうしても、無理矢理）

○しゃっち　のめていやるむんじゃかい　のみよったらいくろた

●どうしても　飲めと言われるもんだから　飲んでいたら酔っ払った

286

じゃっとよ（そうだよ、その通りだ）

○にんげんな　しんようがだいいちよな　じゃっとよ

●人間は　信用が第一だよな　その通りだ

287

じゃねど（そうじゃないぞ）

○でんしたばこは　からだにいいとおもちょるかんしれんが　じゃねど

●電子煙草は　体にいいと思ってるかも知れんが　そうじゃないぞ

288

しやらん（されない、なさらない）

○じさんな　なんべんよんでん　へんじをしやらんど

●爺ちゃんは　何度呼んでも　返事をされないぞ

289

じゃろじゃろ（そうだろう）

○さむなっと　けつあつがあがるげなど　じゃろじゃろ

●寒くなると　血圧が上がるそうだよ　そうだろう

290

しゃんとせにゃ（しっかりしなさい）

○もうこどもじゃねっちゃかい　まちっとしゃんとせにゃ

●もう子どもじゃないのだから　もう少ししっかりしなさい

291

じゅつね（狭苦しい、窮屈、胸苦しい）

○テレビを　おおがたにかえたら　こんへやがじゅつねなった

●テレビを　大型に替えたら　この部屋が窮屈になった

292

しゅんくりかえる（潜る）

○むかしゃ　しゅんくりかえって　うなぎをつきよったがな

●昔は　潜って　鰻を突いていたよな

293

しょがいっちょる（正気になっている、意識が戻っている）

○いくろち　ほがねかったが　もうしょがいったか

●酔っ払って　意識がなかったが　もう正気になったか

294

じょきなむんじゃ（強情（ごうじょう）なもんだ）

○なんぶいうてんきかんが　まこちこんこは　じょきなむんじゃ

●いくら言っても聞かないが　本当にこの子は　強情なもんだ

295

じょこんづい（根気強い）

○あんひとは　じょこんづいかい　さいごまじやんぬくど

●あの人は　根気強いから　最後までやりぬくぞ

296

じょじゅ（成就（じょうじゅ）、完成）

○あんたがかきよるえは　いつんなったら　じょじゅすっとや

●あなたが描いている絵は　何時になったら　完成するのね

297

しょちゅくれ（飲み助）

○おりげは　だいだいしょちゅくれん　ちすじじゃごつある

●俺の家（うち）は　代々飲み助の　血統のようにある

298

しょっくらしょん（まっすぐ）

○こんひんまがったはりがねを　しょっくらしょんにしてくり

●この曲がりくねった針金を　まっすぐにしてくれ

※八代地区

299

しょどく（道具）

○でくどんも　いろいろしょどくを　もっちょりゃっとじゃな

●大工さんも　色々道具を　持っておられるんだな

300

しょね（根性、気構え）

○こんしごた　やんなおしがきかんかい　しょねをいれちやれよ

●この仕事は　やりなおしがきかないから　根性を入れてやれよ

301

しょのむ（羨ましがる）

○ひとを　しょのんでばっかいおらじ　じぶんもがんばらにゃ

●人を　羨んでばかりおらずに　自分も頑張らなくては

302

しょべんぬばる（小便をする、放尿する）

○しょべんぬばったあとも　てをあるわにゃいかんど
●小便をした後も　手を洗わなくてはいかんぞ

303

しろか（知らんよ、知るはずもない）

○なんのはなしも　きいちょらんとに　おれがしろか
●何の話も　聞いてないのに　俺が知るはずもない

304

しんきな（腹立たしい、はがゆい）

○けっしょうせんで　ひんまけたむんじゃかい　しんきなしてたまらん
●決勝戦で　負けたものだから　はがゆくて仕方がない

305

しんどする（苦労する、無理をする）

○ほうとうむすこがおっと　おやはしんどするわな
●放蕩（ほうとう）息子が居ると　親は苦労するよな

306

じんばらかく（怒る、ふてくされる）

○おまや　なんでんねこつん　すぐじんばらかくね

●お前は　何でもないことに　すぐ怒るね

307

しんぺ（心配）

○けんしんで　せいみつけんさをいうてきたかい　しんぺしちょっとよ

●検診で　精密検査を言って来たから　心配しているのよ

308

しんみらっと（集中して、気持ちを込めて）

○あんたは　ひとんはなしを　しんみらっときいちょらんね

●あなたは　人の話を　集中して聞いていないね

309

すかん（嫌い）

○あらすかん　こらすかんていわじ　なんでんくわにゃ

●あれは嫌い　これは嫌いと言わず　何でも食べなくちゃ

310

ずっさがる（ずり落ちる）

○ズボンがずっさがっちょるが　ちゃんとなおさにゃおかしど

●ズボンがずり落ちてるよ　きちんと直さないと恥ずかしいぞ

311

ずっさらし（だらしがない、締まりがない）

○ふくをぬいだら　ちゃんとかけちょけ　まこちずっさらしむんじゃ

●服を脱いだら　きちんと掛けておけ　本当にだらしがないもんだ

312

すったり（すっかり、とても）

○ひっこしんかしにいったら　すったりだれた

●引越しの手伝いに行ったら　すっかり疲れた

313

すったんばったん（てんてこ舞い）

○まごどんが　もどってきたむんじゃかい　すったんばったんしちょったつよ

●孫達が　帰って来たもんだから　てんてこ舞いをしていたのよ

314

すっど〈すや〉（しよう、するぞ）

○ボランティアで　こうえんのくさむしりをすっど

●ボランティアで　公園の草取りをするぞ

315

ずとれ（だらしない）

○あんやた　ずとれじゃかい　なにたぬでんだめど

●あいつは　だらしないから　何を頼んでも駄目だよ

316

すばゆる（じゃれつく）

○こんねこは　だれんにでん　すばゆるがな

●この猫は　誰れにでも　じゃれつくがな

317

するめ（しないだろう）

○なんぶなんでん　ひとごろしどまするめ

●いくら何でも　人殺しなんかしないだろう

318

するや（しますか）

○なんもするこつがねかい　しょうぎでんするや

●何もすることが無いから　将棋でもしますか

319

するよなふじゃね（するような様子じゃない）

○あんこは　べんきょうどん　するよなふじゃねど

●あの子は　勉強など　するような様子じゃないぞ

320

すんな（するな）

○ひとが　すんなていうこた　したらいかんど

●人が　するなということは　してはいけないぞ

321

せからし（うるさい、騒々（そうぞう）しい）

○わっどま　せからしど　そとんでてあそべ

●お前達は　うるさいぞ　外に出て遊べ

322

せしかう（慌(あわ)てる、忙しい）

○コンセントかい　けむりがでよったかい　せしこたが

●コンセントから　煙が出ていたから　慌てたよ

323

せっつく（寄り付く）

○なまぬきときに　そんげせつくとたまらん　あっちいけ

●大変暑い時に　そんなに寄り付くとたまらない　向こうにいけ

324

せっぺ（精一杯）

○ていねんまじ　いまんしごつを　せっぺがんばれ

●定年まで　今の仕事を　精一杯頑張れ

325

せわねが（大丈夫だ、心配はいらない）

○ひるかいはるるげな　かさはもっちかんでん　せわねが

●昼から晴れるそうだ　傘は持っていかなくても　大丈夫だ

326

せん（しない）

○ひあそびどんすっとあぶねかいね　ぜったいせんとど

●火遊びなんかすると危いからね　絶対しないのよ

327

せんぎ（せんさく、文句を付ける）

○ひとんかたんこつ　なんじゃかんじゃ　せんぎすんな

●他人の家のことを　何やかにや　せんさくするな

328

せんに（さっき、先程）

○せんにかい　あっきだれかおっど

●さっきから　あそこに誰れか居るぞ

329

そがましい（騒（さわ）がしい）

○おまえどま　まこちそがましむんじゃ　ちったじっしちょれ

●お前達は　本当に騒がしいもんだ　少しは静かにしておれ

330

そき（そこに）

○かいむんのつりゃ　そきおいちょいたど

●買物のお釣りは　そこに置いておいたぞ

331

ぞくる（ふざける）

○うんどうかいのけいこんとき　わっどま　ぞくっちょったね

●運動会の練習の時　お前達は　ふざけていたね

332

そこはめ（おしまい、仕上げ）

○ことしんたうえは　このへんじゃ　うちがそこはめじゃった

●今年の田植えは　このあたりでは　家（うち）がおしまいだった

333

そっかい（そこから、それから）

○きぬは　はよかえったげなが　そっかいどこんいたつや

●昨日は　早く帰ったそうだが　それから何処へ行ったの

334

そど（**騒ぐ、騒動**）

○そこへんでそどすっと　あかごがおぞむが

●その辺で騒ぐと　赤ん坊が目を覚すよ

335

そら（**それは**）

○あすじょって　ぜんがとるっとなら　そらいいばっかいじゃわ

●遊んでいて　お金が取れるんなら　それはいいばっかりだわ

336

そりくりかえる（**背を反らす**）

○けんこうたいそうで　そりくりかえりよったら　こしがいてなった

●健康体操で　背を反らしていたら　腰が痛くなった

337

そろっと（**そっと、そろりと**）

○うらんほかい　そろっとへってくっと　ぬすどとまちがわるっど

●裏の方から　そっと入って来ると　泥棒と間違われるぞ

338

そんくれ（そのくらい）

○いっぺもろてん　えくとらんかい　そんくれでいが

●沢山貰っても　食べきれないから　そのくらいでいいよ

339

そんげ（そんなに、そのように）

○そんげいなってん　すんだこた　てにゃわんわ

●そんなに言われても　済んだことは　仕方がないわ

340

だい〈だり〉（だるい）

○ねつがあって　めしがくえんむんじゃかい　からだがだい

●熱があって　食欲がないものだから　体がだるい

341

たけ（高い、高価）

○ちかごら　やせが　えろたこなっちょっど

●近頃は　野菜が　とても高価になってるよ

342

たたいっき〈たったいっき〉（今すぐ、早く）

○そんしごつに　いつまじかかっちょっとか　たたいっきせんか

●その仕事に　何時までかかっているのか　早くしないか

343

たたきしらかす〈たたっしらかす〉（叩く、叩きまわす）

○むかしんせんせや　ゆうたたっしらかしよりゃったがな

●昔の先生は　よく叩いておられたよな

344

だちがあかん（物事が解決しない、決着が付かない）

○でんわじゃ　だちがあかんかい　ちょくせつおてはなそや

●電話では　物事が解決しないので　直接会って話をしよう

345

たちがわり（心がよくない、性格が悪い）

○あんやた　たちがわりかい　かかりあわんほがいど

●あいつは　性格が悪いから　相手にしない方がいいよ

346

だちもね（締りがない）

○シャツのボタンどま　ちゃんとかけちょけ　だちもねむんじゃ

●シャツのボタンぐらい　きちんとかけておけ　締りがないもんだ

347

だっくりそっくり（不揃い）

○なすびをつくったけんどん　だっくりそっくりでだめじゃった

●ナスを作ったんだけど　不揃いでだめだった

※木脇地区

348

たぬで（頼んで）

○くるまんめんきょをかえしたかい　タクシーをたぬでかいむんじゃ

●車の免許を返納したから　タクシーを頼んで買物だ

349

だまっちょれ（黙っておれ、口外するな）

○こんはなしゃ　まだおもてんだすといかんかい　だまっちょれよ

●この話は　まだ公表するといけないので　口外するなよ

350

たまらん（つらい、やりきれん）

○めえにち　こんげぬきと　たまらんね

●毎日　こんなに暑いと　やりきれんね

351

だめじゃった（駄目だった）

○けんちょうの　さいようしけんぬうけたけんどん　だめじゃった

●県庁の　採用試験を受けたけど　駄目だった

352

だるる（参る、疲れる）

○あんやた　まこつのよなうそをいうかい　だるるわ

●あいつは　本当のような嘘を言うから　参るわ

353

だれた（疲（つか）れた）

○なれんしごつをしたむんじゃかい　すったりだれた

●慣れない仕事をしたもんだから　すっかり疲れた

354

だれや（誰ですか）

○せんに　あんたとかたりよったた　だれや

●さっき　あなたと話していたのは　誰ですか

355

だれやみ（晩酌）

○おまえんだれやみゃ　ちったおいごたっど

●お前の晩酌は　少し多いようにあるぞ

356

たんねる（尋ねる）

○がっこうで　わからんこつがあっときゃ　すぐたんねにゃいかんど

●学校で　分からないことがあるときは　すぐ尋ねなくてはいけないよ

357

ちっとぐれ（少しぐらい）

○ガソリンが　ちっとぐれあがってん　なんのこたねどが

●ガソリンが　少しぐらい値上がりしても　何ということは無いだろう

358

ちゅんて〈つんて〉（冷たい）

○ここんわきみずは　ちゅんてして　こおりみずんごつあっど

●ここの湧(わ)き水は　冷たくて　氷水のようにあるよ

359

ちょこぐる〈こちょぐる〉（くすぐる）

○こどもを　そんげちょこぐっと　からだにわりが

●子どもを　そんなにくすぐると　体に悪いよ

360

ちょこばい（くすぐったい）

○わきのしたをつくじっと　ちょこばいしてたまらん

●脇の下をいじると　くすぐったくてたまらない

361

ちょっきてん（ちょっとおいで、ちょっと来てごらん）

○ちょっきてん　へびが　なんかのみこみよっど

●ちょっと来てごらん　蛇が　何か飲み込んでいるよ

362

ちょっぺん（てっぺん）

○スカイツリーのちょっぺんに　ごろんさまがおてたど

●スカイツリーのてっぺんに　雷が落ちたぞ

363

ちょびつ〈**ちょこつ**〉（ほんの少し）

○うめしゅを　ちょびつのんだだけで　よかきもちんなった

●梅酒を　ほんの少し飲んだだけで　いい気分になった

364

ちんがらつ（めちゃくちゃ）

○かぜがついして　おりげんハウスは　ちんがらつなった

●風が強くて　我が家のハウスは　めちゃくちゃになった

365

ちんこめ（小さい）

○ちんこめころかい　うたがうまいかったが　やっぱりかしゅんなったね

●小さい頃から　歌が上手だったが　やはり歌手になったね

366

つ（かさぶた）

○ひざをすりむいて　ちがでよったけんどん　もうつがでけた

●膝をすりむいて　出血していたけど　もうかさぶたが出来た

367

つくじる（いじる）

○きずぐちゅ　そんげつくじっと　いつまっでんいならんど

●傷口を　そんなにいじると　何時までも治らんぞ

368

つねんね（常にない、ふつうでない）

○つねんね　かおいろがわりが　どかしたつや

●常になく　顔色が悪いが　どうかしたの

369

つまんくじる（つまんでひねる）

○まごがうでを　つまんくじるむんじゃかい　あおじんだが

●孫が腕を　つまんでひねるもんだから　青あざが出来たよ

370

つれちく（連れていく）

○なつやすみんなったかい　どっかつれちてくんない

●夏休みになったから　何処かに連れて行ってちょうだい

371

つんぼる（漏れる）

○こんおけは　ふりっちゃかい　つんぼるかんしれんど

●この桶は　古いんだから　漏れるかも知れないよ

372

てがまし（すぐ手を出す）

○またつくじりよるが　そんげてがましこつすんな

●またいじっているが　そんなにすぐ手を出すな

373

でくっが（出来るよ）

○あんたなら　てさっきゃきよじゃかい　すぐでくっが

●あなたなら　手先が器用だから　すぐ出来るよ

374

てげ（**おおよそ、とても、大抵**）

○こんまえかい　つくりよるそうこも　てげでけあがったど

●この前から　作っている倉庫も　おおよそ出来上がったよ

375

てげさぶろう（**いい加減な人間**）

○おまや　てげさぶろうじゃかい　なにさせてん　よかしごたでけんね

●お前は　いい加減な人間だから　何をさせても　立派な仕事は出来ないね

376

でけちょらん（**出来ていない**）

○くるまんしゅうぜんな　まだでけちょらんとや

●車の修理は　まだ出来ていないのかな

377

てげてげ（**ほどほど**）

○からだんちょしがわりつなら　しごたてげてげんしちょけよ

●体調が悪いのなら　仕事はほどほどにしておけよ

378

てげなあんべ（いい加減）

○ありがするこた　なんでん　てげなあんべじゃね

●あいつのする事は　何でも　いい加減だね

379

でけむん（おでき、できもの）

○くびんまわりに　あっちこっち　でけむんがでけた

●首の回りに　あちらこちら　おできが出来た

380

でけん（出来ない）

○おら　ひとんまえでかたるこっとま　でけんど

●俺は　人の前で話をすることなど　出来ないよ

381

でごっちゃ（大変なことだ）

○こうていえきどんが　またはやっと　でごっちゃな

●口蹄疫（こうていえき）などが　また流行すると　大変なことだね

382

てそな（きつい、骨の折れること）

○あんたどま　てそなしごつを　なげこつやちきなったな

●あなた達は　きつい仕事を　長いことやって来られたな

383

でちこん（出て来ない）

○どっかいたっちゃろかい　なんぶことかしてんでちこん

●何処かに行ったんだろうか　いくら呼び掛けても出て来ない

384

てつける〈てっける〉（火を付ける）

○はよひをてつけにゃ　ばんめしにゃまにあわんど

●早く火を付けないと　夕食には間に合わんぞ

385

でっじゃ（大変だ、おおごとだ）

○おっこねつなみがくっと　かいがんばたはでっじゃな

●大きな津波が来ると　海岸に近い所は大変だな

386

てにゃわん〈てにゃおか〉（仕方がない）

○なんぶさみしてん　しごっちゃかい　いかにゃてにゃわん

●いくら寒くても　仕事だから　行かなくては仕方がない

387

てのじく（連れて行く）

○おまえも　かいすいよくんいきてけりゃ　てのじくど

●君も　海水浴に行きたければ　連れて行くぞ

388

どかしらん（どうだか分からない）

○がっこうじゃ　どんどんはっぴょうしよるごついうが　どかしらん

●学校では　どんどん発表しているように言うが　どうだか分からない

389

どき（何処に）

○あんたどま　あさはよかい　どきいくとや

●あなた達は　朝早くから　何処に行くのですか

390

どこな（何処ですか）

○あんたどんが　いっつもグランドゴルフをしなっとこは　どこな

●あなた達が　いつもグランドゴルフをされる所は　何処ですか

391

どこまじ（何処まで）

○こんげなやまんなかを　どこまじいくとや

●こんな山の中を　何処まで行くのですか

392

どこん（何処の）

○ひさしぶりおうたら　どこんひとかわからんかったが

●久しぶりに会ったら　何処の人か分からなかったよ

393

どしぐやし（共倒れ）

○おんなじよなみせが　つぎつぎでくれば　どしぐやしよ

●同じような店が　次々に出来れば　共倒れよ

394

としげもね（年甲斐もない）

○としげもね　うちんばさんな　おっかけをしよりゃっど

●年甲斐もない　家の婆ちゃんは　追っかけをしてるよ

395

どしたこつか（どうしたことか）

○けいさつかんが　ぬすどをしたげな　どしたこつか

●警察官が　泥棒をしたそうだ　どうしたことか

396

どしたつや（どうしたの）

○よかくるまん　のっちょんなるが　ぜんのくめんなどしたつや

●いい車に　乗ってなさるが　金の工面はどうしたの

397

どしゅんこしゅん（どうにもこうにも）

○けいきがわりと　しょうばいにんな　どしゅんこしゅんならんわ

●景気が悪いと　商売人は　どうにもこうにもならないわ

398

どしゅんならん〈どもならん〉（どうにもならない）

○おやんいうこつ　きかんむんじゃかい　どしゅんならん

●親の言うことを　聞かないものだから　どうにもならない

399

どすんな（どうしますか）

○これかいさきゃ　いきどまりんなっちょるが　どすんな

●これから先は　行き止まりになってるが　どうしますか

400

どっしぇん（どうしても）

○どっしぇん　いっぺんなイタリアに　いてみてつよ

●どうしても　一度はイタリアに　行ってみたいのよ

401

とっちくり（取ってくれ）

○テーブルのうえん　めがねがおいちゃるかい　とっちくり

●テーブルの上に　眼鏡（めがね）が置いてあるから　取ってくれ

402

となんの（隣の）

○マンションぐらしゃ　となんのひとがだれかも　わからんげな

●マンション暮らしは　隣の人が誰であるかも　分からないそうだ

403

どばつ〈**ごっとり、ずばつ**〉（沢山、一杯）

○ふりなったむしろをはぐったら　ダンゴむしがどばつおった

●古くなったむしろをめくったら　ダンゴ虫が沢山居た

404

とほむね（**とんでもない、途方もない**）

○うちゅうりょこうのなんの　とほむねはなしじゃ

●宇宙旅行だなんて　途方もない話だ

405

どら（**どれどれ、ちょっと**）

○そつぎょうしょうしょを　もろたどが　どらみせてみよ

●卒業証書を　貰ったんだろ　どれどれ見せてごらん

406

どれんこれん（どれもこれも）

○やすむんぬこたら　どれんこれん　ろくなたね

●安物を買ったら　どれもこれも　ろくな物は無い

407

どんくれ（どの位）

○こんスーツは　たけかったっちゃろ　どんくれしたつや

●このスーツは　高価だったんだろう　どの位したの

408

どんげかせんと（どうにかしないと）

○かんきょうもんだいを　どんげかせんと　えれこちなっど

●環境問題を　どうにかしないと　大変なことになるぞ

409

どんげしたっか（どうしたんだ）

○おまえどま　みんなしおれちょるが　どんげしたっか

●お前達は　みんな落ち込んでいるが　どうしたんだ

410

どんげして（どんなにして）

○いくろちょって　どんげしてもどったも　おぼえちょらん

●酔っていて　どんなにして帰ったかも　覚えていない

411

どんげしてでん（何がなんでも、どんなにしてでも）

○もくひょうたっせいにむけち　どんげしてでん　やんぬけ

●目標達成に向けて　何がなんでも　やり抜け

412

どんげすっと（どうするの）

○しごつをやめち　こりかいさきのくらしゃ　どんげすっとや

●仕事を辞めて　これから先の生活は　どうするの

413

どんげでんいい（どうでもいい）

○じぶんさえいけりゃ　ひとはどんげでんいい　ていうよなこっちゃいかん

●自分さえよければ　他人はどうでもいい　というようなことではいけない

414

どんげなあんべか（どんな具合か、どんな案配（あんばい）か）

○えろわりかったげなが　からだんちょしゃ　どんげなあんべか

●ずい分悪かったそうだが　体の調子は　どんな具合か

415

どんげなふや（どんな様子ですか）

○しんがたコロナが　ひろがっちょるが　みせんほはどんげなふや

●新型コロナが　感染拡大してるが　店の方はどんな様子ですか

416

どんこん（どうにもこうにも）

○なんぶとめてん　いくていうとじゃかい　どんこんならんわ

●いくら止めても　行くと言うんだから　どうにもこうにもならないわ

417

とんな（取るな）

○おっかんのさいふかい　だまってぜんぬとんな

●母さんの財布から　無断でお金を取るな

418

とんぱしる（はじける、はちきれる）

※八代地区

○そんげむりして　しなむんぬへるっと　ふくろがとんぱしっど

●そんなに無理をして　品物を入れると　袋がはちきれるぞ

419

とんびまんび（飛びとび）

○まごにくさむしりをたぬだら　とんびまんびに　とっちゃった

●孫に草取りを頼んだら　飛びとびに　取ってあった

420

なえちょる（困っている、脱力状態）

○ひでりつづきで　なんもかんもひっかれち　なえちょるが

●日照り続きで　何もかも枯れて　困っているのよ

421

なげしらかす（投げつける）

○けんかをはじむっと　なんでんかんでん　なげしらかすかいあぶねわ

●喧嘩を始めると　何でもかんでも　投げつけるから危ないわ

422

なけづら（泣き虫）

○おまえんよな　なけづらは　ひとかいばかんさるっど

●お前のような　泣き虫は　人から馬鹿にされるぞ

423

なご（長く）

○なごあわんかったら　おたがいとしゅとったね

●長く会わなかったら　お互いに年を取ったね

424

なして（どうして）

○こづかいちょうをつけないていうとに　なしていうこつきかんとね

●小遣い帳をつけなさいというのに　どうして言うことを聞かないの

425

なすりこすり（なすりついて甘える）

○こんこは　ばさんがもぞがりゃるかい　いっつん　なすりこすりしちょるわ

●この子は　婆ちゃんが可愛がるから　何時も　なすりついて甘えているわ

426

なっかぶる（半泣き）

○こどんが　あかしんごうでわたりよったかい　やけたら　なっかぶりよった

●子どもが　赤信号で渡っていたので　叱ったら　半泣きしていた

427

なっちょる（なっている）

○ことしゃ　どきいてん　かきがいっぺなっちょるわ

●今年は　何処に行っても　柿が一杯なっているよ

428

なっとど（なるんだよ）※「なっとど」には、「サイレンが鳴る」という意味もある。

○こんようちゅうが　さなぎんなち　それがちょうになっとど

●この幼虫が　さなぎになって　それが蝶になるんだよ

429

なにぬかすか（何を言うか）

○なにぬかすか　おらそんげなわりこた　しちょらんわい

●何を言うか　俺はそんな悪いことは　していないわ

430

なぬ（何を）

○なぬかんげちょっとかしらんが　みんなにめいわくばっかいかくるわ

●何を考えているのか分からないが　みんなに迷惑ばかりかけるわ

431

なまおかし（とても恥ずかしい）

○なまおかし　じさんなはだかんばらで　そとんでていきゃったど

●とても恥ずかしい　爺さんは裸（はだか）で　外に出て行かれたよ

432

なますかん（大嫌い）

○あんひとは　おんなをばかんしやるかい　なますかんとよ

●あの人は　女を馬鹿にされるから　大嫌いなのよ

433

なまづらにき（憎らしい）

○あんがきゃ　すぐひとをおちょくるがな　まこちなまづらにきやつよ

●あの野郎は　すぐ人をちゃかすよな　本当に憎らしい奴（やつ）よ

434

なわね（縄ない）

○きゅは　あめがふるかい　なわねでんすかいな

●今日は　雨が降るから　縄ないでもしようかな

435

なんかかる（もたれかかる）

○そこんかべになんかかっと　ペンキがひっつくど

●そこの壁にもたれかかると　ペンキがくっつくぞ

436

なんかなし（とにかく、とりあえず）

○くどくどいうちょらじ　なんかなしやちみろや

●ぐずぐず言ってないで　とにかくやってみようや

437

なんごつか（何ごとか）

○おまえどま　こんげなとこまじきて　なんごつか

●お前達は　こんな所まで来て　何ごとか

438

なんこむ（投げ込む）

○ふりなったでんきせいひんぬ　やぼどみなんこんだら　ばっきんぬくらうど

●古くなった電気製品を　藪（やぶ）なんかに投げ込んだら　罰金を食うぞ

439

なんしちょっと（何をしているの）

○あんひとたちゃ　あっこで　なんしちょっとじゃろかい

●あの人達は　あそこで　何をしているんだろうか

440

なんじゃかんじゃ（何やかや）

○なんじゃかんじゃあったむんじゃかい　あいさつにもいかじ　すまんかったな

●何やかやあったものだから　挨拶にも行かずに　すまなかったね

441

なんすっとか（何をするのか）

○いちえんだまを　そんげあつめち　なんすっとか

●一円玉を　そんなに集めて　何をするのか

442

なんちゅうこつ（何ということ）

○あんた　おやにむこち　なんちゅうこついよっとね

●あなたは　親に向かって　何ということを言ってるの

443

なんでん（何でも）

○こどもは　なんでんくわんと　おっこねならんど

●子どもは　何でも食べないと　大きくならんぞ

444

なんでんかんでん（何でもかんでも）

○ひきだしんなかに　なんでんかんでん　へれちょるが

●引き出しの中に　何でもかんでも　入れているが

445

なんでんね（何でもない）

○わりこたしちょらんかい　しらべられてんなんでんね

●悪いことはしてないから　調べられても何でもない

446

なんどこじゃね（何をする余裕もない）

○かあちゃんな　しょうがつをむかゆるじゅんびで　なんどこじゃねわ

●お母さんは　正月を迎える準備で　何をする余裕もないよ

447

なんとんしれん（馬鹿ばかしい、何にもならない）

○たからぐじどんこてん　あたりゃせんが　なんとんしれん

●宝くじなんか買っても　当たりゃしないよ　馬鹿ばかしい

448

なんなら（よければ、それなら）

○コンサートに　いかれんごつなったげなが　なんならおれがいてやろかい

●コンサートに　行けなくなったそうだが　よければ俺が行ってあげようか

449

なんぶ（幾ら、幾つ）

○いえをいっけんたつっとにゃ　なんぶばかいかかっとじゃろかい

●家を一軒建てるのには　幾らぐらいかかるんだろうか

450

なんぶすっと（幾らするの）

○これはほんしんじゅじゃげなが　なんぶすっとかしらん

●これは本真珠だそうだが　値段は幾らするのかしら

451

なんぶでん（幾らでも）

○ぜんさえだせば　うめむんが　なんぶでんくわるっど

●金さえ出せば　美味しいものが　幾らでも食えるぞ

452

なんもかんも（何もかも）

○こねだんたつまきで　なんもかんもひっとんでしもた

●この間の竜巻で　何もかも飛んでしまった

453

なんもね（何もない）

○うちにゃなんもねけんどん　みんなげんきでなかがいかい　さいこうじゃ

●家（うち）には何もないけど　みんな元気で仲がいいから　最高だ

454

なんや（何ですか）

○なんやあんたどま　おるうっちょいて　いくはずじゃったつや

●何ですかあんた達は　俺を置いてきぼりにして　行くつもりだったの

455

にぎやけ（賑やか）

○とかいのまつりゃ　みこしんかつぎてもおいして　にぎやけどな

●都会の祭りは　神輿（みこし）の担ぎ手も多くて　賑やかだよな

456

ぬくわねな（暑くはないか）

○もうはるじゃが　そんげあつぎをしちょっと　ぬくはねな

●もう春だよ　そんなに厚着をしてると　暑くはないかね

457

ぬったくる（塗（ぬ）る、塗りまくる）

○いまんなって　なんぶおしろいをぬったくってん　わこはならんど

●今になって　幾ら白粉（おしろい）を塗りまくっても　若くはならないぞ

458

ぬり（ぬるい、遅い）

○ふろがぬりごつあるかい　ちっとゆをだしてくり

●風呂がぬるいようにあるから　少しお湯を出してくれ

459

ねくじょ（なかなか寝付かずむずがる）

○こんこは　めえばんねくじょをいうかい　よいならんわ

●この子は　毎晩なかなか寝付かずむずがるから　大変だよ

460

ねこっちゃ（無いことだ）

○みやざきで　ひょうどんがふるこた　めってねこっちゃ

●宮崎で　雹（ひょう）などが降ることは　めったに無いことだ

461

ねごんなる〈ねなる〉（無くなる）

○ねんきんぐらしで　いつのまんか　ちょきんもねごんなった

●年金暮らしで　いつの間にか　貯金も無くなった

462

ねちょる（寝ている）

○しごつで　てつやがつづいたかい　きゅはいちんちねちょっど

●仕事で　徹夜が続いたから　今日は一日寝ているぞ

463

ねっちゃろ（無いんだろう）

○りょこうに　つれちくていやるけん　そんげなきはねっちゃろ

●旅行に　連れていくと言われるけど　そんな気持は無いんだろう

464

ねど（無いぞ）

○パスポートを　なんぶさがすけんねど　どきおいたつかしらん

●パスポートを　いくら探しても無いぞ　何処に置いたのだろうか

465

ねんて（眠い）

○いっつも　ばんめしゅくたあとは　ねんてなっとよ

●何時も　夕ごはんを食べた後は　眠くなるのよ

466

のさっちょる（運がいい）

○なにしてん　よかんべいくが　おらのさっちょっとじゃろな

●何をしても　順調に行くが　俺は運がいいのだろうな

467

のさん（辛（つら）い、おっくう、いやだ）

○あんこも　くろうしてそだっちょるかい　いろいろのさんこつもあったじゃろ

●あの子も　苦労して育っているから　色々辛いこともあっただろう

468

のんかた（飲み方、飲み会）

○ちかごら　のんかたもすくのなって　まちんなかもしずかじゃな

●近頃は　飲み会も少なくなって　街の中も静かだな

469

のんこむ（飲み込む）

○こなぐすりゃ　きかんしねいかんごつ　のんこまにゃいかんど

●粉末の薬は　気管の方へ行かないように　飲み込まないといけないよ

470

のんて（飲みたい）

○こんげぬきと　ビールがうめかろ　はよのんてな

●こんなに暑いと　ビールがうまかろう　早く飲みたいな

471

のんぼり（上手、道路の起点）

○ぼんさんが　のんぼりむけち　いきよりやったど

●坊さんが　上手の方に向かって　行っておられたよ

472

はえど（早いぞ、速いよ）

○リニアモーターカーは　しんかんせんよりてげはえどな

●リニアモーターカーは　新幹線よりずい分速いよな

473

はえむんじゃ〈**はえなあ**〉（早いもんだ、速いなあ）

○いちねんがたっとは　はえむんじゃ　またしょうがつがくるが

●一年が経（た）つのは　早いもんだ　また正月が来るよ

474

はがいい（悔しい、残念だ）

○じゅうどうで　がいこくじんがゆうしょうすっと　はがいがな

●柔道で　外国人が優勝すると　悔しいよな

475

ばかう（奪い合う）

○へいてんセールにいてみたら　おなごんしが　しなむんぬばかいよりゃった

●閉店セールに行ってみたら　女の人達が　品物を奪い合っていた

476

ばかっす〈ばかわろ〉（馬鹿者、馬鹿たれ）

○ばかっすが　またこんげなとこで　たちしょんべんどんしよる

●馬鹿者が　またこんな所で　立小便なんかしてる

477

ばかむしょに（むやみに）

○おまや　そんげばかむしょにくうと　いがわるなっど

●お前は　そんなにむやみに食べると　胃が悪くなるぞ

478

はかれこつ（どうでもいい、知ったことか）

○そんげなこた　おっどんにゃかんけいね　どんげなろとはかれこつよ

●そんな事は　俺達には関係ない　どうなろうと知ったことか

479

ばかんさるる（馬鹿にされる）

○かけざんくくもしらんと　みんなかい　ばかんさるっど

●掛け算九九も知らないと　みんなから　馬鹿にされるぞ

480

はしぐら（かけっこ）

○べんきょうがでけて　はしぐらがはえけりゃ　なんもいうこたねわ

●勉強が出来て　かけっこが速けりゃ　何も言うことはないわ

481

はしっさるく（走り回（まわ）る）

○わっどま　そんげなとこをはしっさるくと　けがをすっど

●お前達は　そんな所を走り回ると　怪我（けが）をするぞ

482

はた（周り）

○かがみをみてん　くちのはたん　めしつぶがひっちちょっど

●鏡を見てごらん　口の周りに　飯粒がくっついているよ

483

はたけちょる（開いている）

○きむんのきかたを　しらんとか　むねがはたけちょっど

●着物の着方を　知らないのか　胸が開いているぞ

484

はたで（急に）

○げんきにうごきまわりよりやったつに　はたであんべがわりなりやったげな

●元気に動き回っておられたのに　急に具合が悪くなられたそうだ

485

ばちかぶる（弁償する、責任を負う）

○おれがすすめたはなしじゃかい　あかじんぶんな　ばちかぶらにゃてにゃわん

●俺が勧（すす）めた話だから　赤字の分は　責任を負わなくては仕方がない

486

はちゃつ（急に）

○うちへんのかわにゃ　はちゃつふけなっちょとこがあっとよ

●家（うち）の近くの川には　急に深くなってる所があるよ

487

はっちた（行ってしまった、亡くなった）

○ながわずらいじゃったが　とうとうはっちきゃったげな

●長患（ながわずら）いだったが　とうとう亡くなられたそうだ

488

はばしい（激（はげ）しい、極端（きょくたん））

○わりがいうこた　なんでんはばしど　まちっとかんがえちものをいえ

●お前の言うことは　何でも極端だぞ　もう少し考えて発言しろ

489

はめつける（努力する、魂を入れる）

○だいがくにいくとなら　はめつけちべんきょうせにゃ

●大学に進学するのなら　魂を入れて勉強しなくては

490

ぱやんぱやん（軽々しい、軽率な）

○あんおとこは　なんぶんなってん　ぱやんぱやんじゃな

●あの男は　幾つになっても　軽々しいな

491

はよおす（早々と）

○はっきりわからんこつを　はよおすひとんいうむんじゃね

●はっきり分からないことを　早々と人に言うものではない

492

はよせんか（早くしないか、早くしろ）

○ぼやっしちょらじ　はよせんか　みんなそとでまっちょっとど

●ぼやっとしてないで　早くしないか　みんな外で待ってるんだぞ

493

はらいっぺ（腹一杯）

○はらいっぺくうといかん　いつでんはらはちぶじゃ

●腹一杯食べるといかん　何時でも腹八分だ

494

はらかく（怒る、立腹する）

○うちんこは　なんかいうとすぐはらかくかい　なんもいえんとな

●家の子は　何か言うとすぐ怒るから　何も言えないのよ

495

はらぼて（腹ばって、うつ伏せになって）

○せなかん　えつをすえちやるかい　そこんはらぼてんない

●背中に　お灸をすえてやるから　そこに腹ばってごらん

496

はるた（払った）

○とちゅうったら　ぜいきんがたけして　てげはるたど

●土地を売却したら　税金が高くて　ずい分払ったよ

497

はんくりかやる（ひっくり返る）

○やきゅうせんしゅが　ボールをとりそこねち　はんくりかやったど

●野球の選手が　ボールを取りそこなって　ひっくり返ったぞ

498

はんらん（あらあら）

○はんらん　あわてちょち　さいふをもちくっとをけわすれた
●あらあら　慌てていて　財布を持って来るのを忘れた

※木脇地区

499

ひえりくせ（生臭い）

○むかしゃ　さかなやんまえをとおっと　ひえりくせかったがな
●昔は　鮮魚店の前を通ると　生臭かったよな

500

ひがないちんち（一日中）

○ひがないちんち　じっしてテレビばっかいみちょっと　からだんわりど
●一日中　じっとしてテレビばかり見ていると　体に悪いよ

501

ひじ（酷い）

○しつけをすったいどん　あんまりひじこたしなんな
●しつけをするのはいいけど　あまり酷いことはしなさんな

502

ぴしゃつ（ぴったり）

○テストんあとで　こたえをしらべたら　ぴしゃつおうちょった

●テストの後で　答を調べたら　ぴったり合っていた

503

ひだりい（ひもじい、腹が減った）

○あさかい　なんもくちょらんかい　ひだりしてたまらん

●朝から　何も食べていないから　腹が減ってたまらない

504

ひだりしね（左の方へ）

○やくばは　そこんかどを　ひだりしねまがったとこじゃが

●役場は　そこのかどを　左の方へ曲がったところだよ

505

ひっかぶる（受けかぶる、うんこが漏れる）

○しっぱいのせきにんぬ　かちょうがひとっで　ひっかぶりゃったげな

●失敗の責任を　課長が一人で　受けかぶられたそうだ

506

ひっきゃぶる（破る）

○せっかく　よかえをかいちょったつん　ひっきゃぶってしもた

●せっかく　いい絵を描いていたのに　破ってしまった

507

ひっきる（切る）

○きのえだが　えろしげったが　ちっとひっきってくれんか

●木の枝が　ずい分茂ったが　少し切ってくれないか

508

ひっこける（転ぶ）

○あめでぬかっちょっとに　はしりまわっと　ひっこくっど

●雨でぬかっているのに　走り回ると　転ぶぞ

509

ひったまがる（驚く、びっくりする）

○ねんまつジャンボで　じゅうおくえんがあたったげな　ひったまがった

●年末ジャンボで　十億円が当たったそうだ　びっくりした

510

ひっちちょる（くっついている）

○そらなんか　くびんまわりに　まっくりむんが　ひっちちょっど

●それは何か　首の回りに　黒いものが　くっついているぞ

511

ひっつこた（遣(つか)ってしまった）

○おとしだまを　ぎょうさんもろちょったが　ぼどひっつこたげな

●お年玉を　沢山貰っていたが　全部遣ってしまったそうだ

512

ひとっこつ（同じこと）

○ひとっこつを　なんべんもいいだしたら　にんちしょうのまえぶれど

●同じことを　何度も言い出したら　認知症の前兆だぞ

513

ひとっつん（ひとつも、まったく）

○スマホんつかいかたを　なるたけんどん　ひとっつんわからん

●スマホの使い方を　習ったけど　まったく分からない

514

ひとみず（人見知り）

○うちんこは　みんなひとみずするかい　いかんがな

●家の子は　みんな人見知りをするので　いけないのよな

515

ひとんかた（よその家）

○ひとんかたんいったときゃ　ちゃんとあいさつを　せにゃいかんど

●よその家に行った時は　きちんと挨拶を　しなくてはいかんぞ

516

びびんちゃんこ（肩車）

○こどもんころは　おやじがいっつも　びびんちゃんこをしてくれよった

●子どもの頃は　父が何時も　肩車をしてくれていた

517

ひゃいと（何時も）

○となんのばさんな　ひゃいとねちょりゃるが　どっかわりっちゃろかい

●隣の婆ちゃんは　何時も寝てなさるが　何処か悪いんだろうか

518

ひやがる〈ひあがる〉（水が無くなる、乾（かわ）く）

○ひでりがつづくむんじゃかい　たがひやがってしもた

●日照りが続くものだから　田んぼの水が無くなってしまった

519

ひゃらひゃっと（順序よく、長々と）

○したんはたけに　からいもんなえを　ひゃらひゃっとうえちょいた

●下の畑に　さつま芋のなえを　順序よく植えておいた

520

ひょうきんたろ（ひょうきん者）

○わら　むかしかい　ひょうきんたろじゃったが　いまもかわっちょらんね

●君は　昔から　ひょうきん者だったが　今も変わってないね

521

ひょかつ（いきなり、突然）

○きぬは　とうきょんいちょるむすこが　ひょかつもどってきた

●昨日は　東京に行っている息子が　突然帰ってきた

522

ひょしのひょこたん（まぐれあたり）

○きぬはゴルフにいて　ひょしのひょこたんで　ホールインワンがでた

●昨日はゴルフに行って　まぐれあたりで　ホールインワンが出た

523

ひょろんかったん（ひょろひょろ）

○おげんじさんな　つえをついちぇ　ひょろんかったんしながらあるきゃるわ

●家（うち）の爺ちゃんは　杖をついて　ひょろひょろしながら歩いているわ

524

ひりかぶる（うんこが漏れる）

○はらんちょしがわりして　ひりかぶるごつあっとよ

●腹の調子が悪くて　うんこが漏れるようにあるのよ

525

ひるた（拾った）

○ぜんぬひるたら　けいさつにとどけにゃ　おうりょうざいになっど

●金を拾ったら　警察に届けないと　横領罪になるよ

526

ひんでる（物が外に出る、はみ出す）

○おら　ねぐせがわりむんじゃかい　いっつもふとんかいひんでちょる

●俺は　寝ぐせが悪いもんだから　何時も布団からはみ出している

527

ひんにげる（逃げる）

○うしんこが　よなかにこやかいひんにげち　そどしたつよ

●牛の子が　夜中に小屋から逃げて　騒動したのよ

528

ひんねむる（眠る）

○バスんなかで　ひんねむっちょって　しゅうてんまじいてしもた

●バスの中で　眠っていて　終点まで行ってしまった

529

ひんのひなか（真っ昼間）

○ひんのひなかかい　のんかたどんはじめち　なんごつか

●真っ昼間から　飲み方なんか始めて　何ごとか

530

ひんもどる（帰る）

○ここまじつれっきたつん　いつのまんか　ひんもどってしもた

●ここまで連れて来たのに　何時の間にか　帰ってしまった

531

ぶあち（分厚い）

○こんシューズは　そこがぶあちして　いまいちばんにんきがあっとど

●このシューズは　底が分厚くて　今一番人気があるのよ

532

ふがわり（運が悪い）

○つぎつぎんさいなんにおち　あんひともふがわりどな

●次々に災難に遭(あ)って　あの人も運が悪いよな

533

ふけむね（思慮のない、考えのない）

○しゃちは　なんでこんげなふけむねこつ　すっとじゃろかい

●弟は　どうしてこんな考えのないことを　するんだろうか

534

ふたん（頬(ほお)、ほっぺ）

○けんかしよったら　ふたんぬたたかれち　こんげはれた

●喧嘩(けんか)していたら　ほっぺを殴られて　こんなに腫(は)れた

535

ぶちょほ（手際が悪い、行き届かない、不調法(ぶちょうほう)）

○なれんしごつを　はじめたむんじゃかい　ぶちょほなこつがおいつよ

●慣れない仕事を　始めたものだから　行き届かないことが多いのよ

536

ふてこつ（大きなこと、広言）

○おまや　なんもでけんくせん　ふてこつばっかいいうな

●お前は　何も出来ないくせに　大きなことばかり言うな

537

ふてめ（大変な目）

○くるまんはねられて　あしんほねをおしょち　ふてめんおたが

●車にはねられて　足の骨を折り　大変な目に遭ったよ

538

ふむ（履く）

○そんくつしたは　やぶれちょるが　あたらしつふんでいきない

●その靴下は　破れているよ　新しいのを履いて行きなさい

539

ふろんへる（風呂に入る）

○あさばんなひえこみだしたな　さむなっと　ふろんへっとがよだきが

●朝夕は冷え込むようになったな　寒くなると　風呂に入るのがおっくうだ

540

ふんしらかす（踏みつける）

○なんでんかんでん　ふんしらかしてあゆむと　だめじゃねか

●何でもかんでも　踏みつけて歩くと　駄目じゃないか

541

ぺたつ（ぺったり）

○あんふうふはなかがいどな　いっつもぺたつひっちて　さんぽじゃが

●あの夫婦は仲がいいよな　何時もぺったりくっついて　散歩だが

542

べっしぐ（押し潰す、轢く）

○おっこねまるたんぼが　ころげっきて　あしゅべっしだ

●大きな丸太が　転がって来て　足を押し潰した

543

へとんしれん（馬鹿みたいな、何の役にも立たない）

○どしたつね　またへとんしれんむんぬ　こてきちょるが

●どうしたの　また馬鹿みたいなものを　買って来てるが

544

へのくそんごついう（汚い言葉で罵る、馬鹿みたいに言う）

○ひとんまえで　おりがこつを　へのくそんごついいなんな

●他人の前で　俺のことを　馬鹿みたいに言わないで

545

へのよな（くだらない）

○おまえどま　ゲームどんへのよなこつばっかい　しちょるね

●君達は　ゲームなどくだらない事ばかり　してるね

546

べらっした（がっかりした）

○たけぜんぬはるて　ふなづりんいったけん　なんもくいらじべらっした

●高い金を払って　舟釣りに行ったけど　何も釣れずがっかりした

547

へらんぼや（入らないようにしよう）

○あっどま　ぼうそうぞくじゃかい　ぜったいなかまにゃへらんぼや

●あいつらは　暴走族だから　絶対仲間には入らないようにしよう

548

へれる（入れる）

○わちも　あんたどんがグループに　へれっくんない

●私も　あなた達のグループに　入れてちょうだい

549

ほいっぺ（精一杯（せいいっぱい））

○しょちゅんぶんな　なんぶでんあるかい　ほいっぺのんでくり

●焼酎だけは　幾らでもあるから　精一杯飲んでくれ

550

ほがね（頼りない、ぶざまで乱れた状態、意識がない）

○しごたせじ　ほがねむんじゃかい　よめじょもなきよるわ

●仕事はせず　頼りないものだから　奥さんも泣いているわ

551

ぼくじゃ（大変だ）

○しんがたコロナは　どんげなっとじゃろかい　はよおさまらにゃぼくじゃ

●新型コロナは　どんなになるんだろうか　早く収束しないと大変だ

552

ほげる〈ほぐる〉（穴が開く）

○おおあめがふったむんじゃかい　みちがあっちこっち　ほげちょっど

●大雨が降ったものだから　道路にあちこち　穴が開いているよ

553

ほたりまける（負ける）

○まちっとけいこをして　ついならんと　ほたりまけちばっかりじゃが

●もう少し練習をして　強くならないと　負けてばかりだが

554

ぼっけな（無謀（むぼう）な）

○みんなきをつけちいけよ　ぼっけなこつすっとあぶねど

●みんな気を付けて行けよ　無謀なことをすると危ないぞ

555

ほっじゃかい（だから）

○パトカーにひっつかまったつか　ほっじゃかい　スピードをだすなてゆたどが

●パトカーに捕まったのか　だから　スピードを出すなと言っただろう

556

ほっでん（でも、それでも）

○おまや　べんきょすればでくっとじゃが　ほっでんやるきがねむんね

●お前は　勉強すれば出来るんだが　でもやる気が無いものね

557

ほて（這（は）って）

○うちんばさんな　あしがいてむんじゃかい　ざしきをほてさるきゃるわ

●家（うち）の婆ちゃんは　足が痛いもんだから　座敷を這って動いているよ

558

ぼど（全部）

○となんのおくさんな　りこんしやっとき　ざいさんぬぼどもっちきゃったげな

●隣の奥さんは　離婚される時　財産を全部持って行かれたそうだ

559

ほんこ（本番、本気）

○こんしょうぶは　ほんこじゃかい　まったなしど

●この勝負は　本番だから　待ったなしぞ

560

ほんじゃけん（でも、しかし）

○カラスはくりわな　ほんじゃけんどっかに　まっしりつがおるかんしれんど

●カラスは黒いよな　でも何処かに　真っ白いのが居るかも知れないよ

561

まくじる（もつれる）

○おっこねつが　くいっちょったつに　てぐすがまくじってひんにげた

●大きいのが　釣れていたのに　てぐすがもつれて逃げてしまった

562

まこち（本当に、まったく）

○ちかごろん　テレビをみちょっと　まこちばかんよなつがおいがな

●近頃の　テレビを見ていると　本当に馬鹿みたいなのが多いよな

563

まこつや〈まこっか〉（本当ですか）

○あんた　アメリカんだいがくにりゅうがくしなるげなが　まこつや

●あなたは　アメリカの大学に留学されるそうだが　本当ですか

564

またおた（また会った、再び会った）

○どしたこつか　またおたが　きゅうはおまえとなんべんもあうね

●どうしたことか　また会ったが　今日はお前と何度も会うね

565

またくら（またぐら、股間（こかん））

○じゅうなんたいそうで　あしをひろげよったら　またくらがいてなった

●柔軟体操で　足を広げていたら　股間が痛くなった

566

まだじゃが（まだだよ）

○まだじゃが　そんげはよふたをとってん　にえちょりゃせんが

●まだだよ　そんなに早く蓋（ふた）を取っても　煮えてはいないよ

567

まちっと（もう少し）

○こんげひまがいっとなら　まちっとはよかい　はじむればいかった

●こんなに時間がかかるのなら　もう少し早くから　始めればよかった

568

まっくり（黒い、真っ黒）

○かいすいよくんいたら　かおもごても　まっくりなった

●海水浴に行ったら　顔も体（からだ）も　真っ黒になった

569

まっけ（赤い、真っ赤）

○さけによえむんじゃかい　ちっとのんだだけで　まっけなった

●酒に弱いものだから　少し飲んだだけで　真っ赤になった

570

まっしり（白い、真っ白）

○あっこんきょでは　みんなはだがまっしりど

●あそこの姉妹は　みんな肌が白いよ

571

まっちょる（待っている）

○とかいじゃ　なんかあっと　ずらつなるで　まっちょるがな

●都会では　何かあると　ずらっと並んで　待ってるがな

572

まっぽす（まともに、真ん中）

○しはんまとをみちょっと　みんなまとにまっぽすあてやっど

●四半的を見ていると　みんな的の真ん中に当てられるよ

573

まぬる（告げ口する、言いつける）

○そんげわりこつすっと　せんせいにまぬるかいね

●そんなに悪い事をすると　先生に言いつけるからね

574

みごち（見事）

○やっぱりぐべんしゃはちがうな　みごちいえん　すんじょりゃるわ

●やはり金持は違うな　見事な家に　住んでおられるわ

575

みずあべ（水泳）

○むかしゃ　プールがねしては　かわでみずあべをしよったがな

●昔は　プールが無くて　川で水泳をしていたよね

576

みちょれ（見ておれ）

○へんかきゅうの　なげかたをおそゆるかい　ゆとみちょれ

●変化球の　投げ方を教えるから　よく見ておれ

577

みやがる（増長する）

○ちっとおだつっと　すぐちょうしんのって　みやがるがね

●少しおだてると　すぐ調子にのって　増長するよね

578

みゆっど（見えるぞ）

○しょうがっこんうんどうじょうかい　たかちほんみねが　りっぺみゆっど

●小学校の運動場から　高千穂峰が　立派に見えるぞ

579

むけめ（迎え）

○あめがふっだしたかい　かさをもって　むけめんいてき

●雨が降り出したから　傘を持って　迎えに行って来い

580

むこてくる〈**むこっくる**〉（向かって来る）

○のらいぬを　うてさるきよったら　きゅうにむこてきた

●野良犬を　追っかけていたら　突然向かって来た

581

むっしょに〈**むしょに**〉（しきりに、無性に）

○あきがちこなったら　くさむらで　すずむしがむっしょになきでた

●秋が近くなったら　草むらで　鈴虫がしきりに鳴き出した

582

めしんせ〈めしのせ〉（ご飯のおかず）

○めしんせを　そうざいやで　こてかえるひとがおいな

●ご飯のおかずを　惣菜屋で　買って帰る人が多いな

583

めっちゅ（メス）

○ことりの　おっちゅとめっちゅは　どんげしてみわくっとじゃろかい

●小鳥の　オスとメスは　どのようにして見分けるのだろうか

584

めって（めったに）

○ここへんで　えいがのロケどま　めってねこっちゃ

●この辺で　映画のロケなど　めったに無いことだ

585

めめぎろし（目障り）

○べんきょうしよっとに　そこへんでうろちょろすっと　めめぎろしが

●勉強しているのに　その辺でうろうろすると　目障りだぞ

586

めんへらん〈めんかからん〉（見えない）

○ていきけんな　こきおいちょったむんじゃ　ちっとんめんへらんかった

●定期券は　ここに置いていたもんだ　少しも見えなかった

587

もぞがる（可愛がる）

○はじめちんまごじゃかい　そらそら　もぞがりゃっとよ

●初めての孫だから　それはそれは　可愛がられるのよ

588

もぞなぎ（可愛そう）

○ひがしにほんだいしんさいで　ぎせいになったひとたちゃ　まこちもぞなぎな

●東日本大震災で　犠牲になった人達は　本当に可愛そうだな

589

もぞらし（可愛い）

○にんげんもどうぶつも　こめときゃ　みんなもぞらしね

●人間も動物も　小さい時は　みんな可愛いね

590

もっちた（持って行った）

○あんたんともだちがきて　マンゴーをなんぶか　もっちたど

●あなたの友人が来て　マンゴーを幾つか　持っていったよ

591

もどかす（からかう）

○こんめこをもどかしなんな　なきでたら　どもならんが

●小さい子をからかいなさんな　泣き出したら　どうにもならないよ

592

もへかい（もうから、そんなに早く）

○せいじんしきゃ　らいねんじゃろが　もへかい　きていくむんのはなしか

●成人式は　来年だろうが　もうから　着て行くものの話か

593

もろた（貰った）

○キュウリを　ぎょうさんもろたが　あんたいんならんか

●キュウリを　沢山貰ったが　あなたいりませんか

594

やいややいや（あらあら、まあまあ）

○ややいやいや　こんこは　またねしょんべんぬしちょる

●あらあら　この子は　また寝小便をしている

595

やおいかん（簡単にはいかない）

○こんげあめばっかいじゃと　ひゃくしょんしごた　やおいかんな

●こんなに雨ばかりだと　百姓の仕事は　簡単にはいかないね

596

やかんたぎり（熱しやすく冷めやすい人）

○なにすってん　こんきがねといかん　やかんたぎりはだめじゃ

●何をするにも　根気がないといかん　熱しやすく冷めやすい人間は駄目だ

597

やきたくる（燃やす、焼き尽くす）

○むかしの　にっきやらしゃしんやらを　ぼどやきたくった

●昔の　日記や写真などを　みんな燃やしてしまった

598

やくせん〈やっせん〉（役に立たない、駄目になる）

○せんたっきが　やくせんごつなったかい　あたらしつかうわ

●洗濯機が　駄目になったから　新しいのを買うわ

599

やくる（叱る）

○よめじょを　そんげやくんな　ちったもぞがらにゃ

●奥さんを　そんなに叱るな　少しは可愛がらなくちゃ

600

やけじゅ（やけど）

○あげむんぬしよったら　あぶらがとんで　てをやけじゅした

●揚げ物をしていたら　油が飛んで　手をやけどした

601

やけしらかす（叱りとばす）

○むかしんおやかたは　でしをやけしらかして　しごつをおそえよりゃったど

●昔の親方は　弟子を叱りとばして　仕事を教えておられたよ

602

やすった〈やっすった〉（失敗した）

○テニスのしあいにでたけん　サーブをなんべんもやっすって　ひんまけた

●テニスの試合に出たけど　サーブを何度も失敗して　負けた

603

やすむん（安物）

○やすむんばっかかい　こちきたが　なかにゃよかしなもあったど

●安物ばかり　買って来たが　中にはいい品物もあったよ

604

やせごろ（痩せた人）

○せんごは　くいむんがねして　やせごろがおいかったげな

●戦後は　食べ物が無くて　痩せた人が多かったそうだ

605

やちみろ（やってみよう）

○パークゴルフはおもしりげなど　おっどんも　いっぺんやちみろや

●パークゴルフは面白いそうだよ　俺達も　一度やってみようよ

606

やっけな（やっかいな、面倒くさい）

○とちのさかいのこって　はなしがつかじ　やっけなこちなっちっとよ

●土地の境界のことで　話がつかず　やっかいな事になっているのよ

607

やっちょられん〈やれん〉（やってられない）

○ぜいきんなたこなる　ねんきんなさがるで　やっちょられんわ

●税金は高くなる　年金は下がるで　やってられないわ

608

やまいもをほる（酔ってくだを巻く）

○おまや　のんだたんびにやまいもをほるが　どかせにゃいかんど

●お前は　飲んだたびに酔ってくだを巻くが　どうにかしないといかんぞ

609

やんかぶる（髪が立ちかぶる）

○わら　やんかぶっちょっど　はよとこやにいかにゃ

●お前は　髪が立ちかぶってるぞ　早く理髪店に行け

610

やんだやり（とめどなく、休みなく）

○いやしむんじゃ　おまやくちが　やんだやりうごいちょっど
●いやしいもんだ　お前は口が　休みなく動いているぞ

611

やんにき（難しい、やりにくい）

○あんわろは　くせがあるかい　はらかかすっと　あとがやんにきど
●あの野郎は　個性が強いから　怒らせると　後の始末が難しいぞ

612

ゆくれんぼ〈**よくれんぼ**〉（酔っ払い）

○ちかごら　まちんなかをおらんでさるく　ゆくれんぼはおらんごつなったね
●近頃は　町の中を叫んで歩く　酔っ払いは居なくなったね

613

ゆてきかする（言って聞かせる）

○あんこは　よのなかんこつがなんもわかっちょらんかい　ゆてきかせちくんない
●あの子は　世の中のことが何にも分かってないから　言って聞かせてください

614

ゆと（よく、しっかり）

○あんほんにゃ　よかこつがかいちゃるげなが　おれにゃゆとわからん

●あの本には　いいことが書いてあるそうだが　俺にはよく分からん

615

ゆな（言うな）

○ひとんこころを　きずつくるよなこた　ぜったいゆなよ

●人の心を　傷つけるようなことは　絶対言うなよ

616

ゆるっと（ゆっくり、ゆるやかに）

○といとこかい　きたっちゃかい　にさんちゆるっとしていけ

●遠い所から　来たんだから　二、三日ゆっくりしていけ

617

よいならん（容易でない、大変だ）

○してんちょんなったら　しごたふゆる　せきにんなおむなってよいならん

●支店長になったら　仕事は増える　責任は重くなって大変だ

618

よかこつ（いいこと）

○よのなかにゃ　わりこつするやつがおるが　よかこつするひともおいな

●世の中には　悪い事をする奴が居るが　いいことをする人も多いな

619

よかっちゃが（いいんだよ）

○ちっとぐれ　めいわくをかけたかいて　しんぺせんでよかっちゃが

●少しぐらい　迷惑をかけたからといって　心配しなくていいんだよ

620

よかとき（いい時、いいタイミング）

○いま　のんかたをはじめたばっかいじゃ　よかときなったな

●今　飲み方を始めたばかりだ　いい時においでになったね

621

よかむん（いい子）

○おまやうちんもどったとき　かならずてをあらうかい　よかむんじゃね

●お前は家に帰った時　必ず手を洗うから　いい子だね

622

よかんべ（よりよく、きちんと）

○わりざんが　ゆとわからんげなかい　よかんべおしえちくり

●割算が　よく分からないそうだから　きちんと教えてくれ

623

よきにゃ（多くは、さほど）

○あんた　せんたかさは　おれとよきにゃかわらんな

●あなた　身長は　俺とさほど変わらないな

624

よくう（休む、休憩する）

○だれなったどが　ここでいっとき　よくていきない

●お疲れになったでしょう　ここでしばらく　休んで行きなさい

625

よごじょる（曲がっている）

○そこんれつはよごじょっど　まえをちゃんとみて　まっすぐならべ

●そこの列は曲がっているぞ　前をよく見て　まっすぐ並べ

626

よざらん（余計な）

○あんこは　いっしょけんめいやりよっとじゃかい　よざらんこついうな

●あの娘は　一生懸命やっているんだから　余計なことを言うな

627

よだきい（おっくう、めんどう）

○うわやくに　やけられちばっかいじゃかい　かいしゃにいくとがよだきなった

●上司に　叱られてばかりだから　会社に行くのがおっくうになった

628

よだっごろ（怠け者）

○よだっごろどま　なかなかしごつに　うったたんね

●怠け者達は　なかなか仕事に　取りかからんね

629

よちごろ（弱虫）

○よちごろじゃかい　おじして　おばけやしきにゃいかんげな

●弱虫だから　怖くて　お化け屋敷には行かないそうだ

630

よっちきない（寄っていきなさい）

○きゅは　みんなうちんおるかい　ちょつよっちきない

●今日は　みんな家（うち）に居るから　ちょっと寄っていきなさい

631

よどれる（長湯でのぼせる）

○いつまっでん　おんせんにつかっちょったら　よどれた

●何時までも　温泉に浸（つ）かっていたら　のぼせた

632

よろち（集まって、揃（そろ）って）

○あんたどま　みんなでよろち　なんのそうだんや

●あなた達は　みんなで集まって　何の相談ですか

633

よんべ（昨夜）

○あんたげんとうちゃんな　よんべは　かえりがおしかったどが

●お宅の父さんは　昨夜は　帰りが遅かっただろう

634

わかっちょらん（分かっていない）

○あんこは　していいこつとわりこつが　ちっとんわかっちょらん

●あの子は　して良い事と悪い事が　少しも分かってない

635

わけむん〈わけし〉（若者）

○ちかごろんわけむんな　なかなかけっこんせんな

●近頃の若者は　なかなか結婚しないな

636

わっだうな（こらお前達は、お前達は見ておれ）

○わっだうな　よなかんさわぎたつっと　けいさつをよぶど

●こらお前達は　夜中に騒ぎたてると　警察を呼ぶぞ

637

わっどん〈あんたどん、わっだ〉（お前達）

○なんのかんのいうてん　わっどんがいうこた　すじがとおらんわい

●何だかんだ言っても　お前達の言うことは　筋が通らないよ

638

わやく（冗談(じょうだん)、本気でないこと）

○わやくばっかりいうちょらじ　ちったしょねをいれてしごつしよ

●冗談ばかり言ってないで　少しは根性を入れて仕事をしろ

639

わり（悪い）

○そんげなはっじゃ　ねかったつに　あんひとにゃわりかったな

●そんなはずでは　なかったのに　あの人には悪かったね

640

わりゃ〈**わら、やど、うん**〉（お前、君(きみ)）

○わりゃ　いつかい　そんげえろなったつか

●お前は　何時から　そんなに偉くなったのか

三　国富町の方言(二)――単語で紹介する方言――

641 あい（アユ）
642 あかばら（イモリ）
643 あくまき（餅米を竹の皮で包んで蒸したもの）
644 あしけんけん（片足跳び）
645 あして（明日）
646 あせ（浅い）
647 あち（熱い、暑い）
648 あつがん（熱い風呂を好む人）
649 あど（かかと）
650 あぶらぜり（油炒め）
651 あまめ（ゴキブリ）
652 あめんた（飴）
653 あるう（洗う）
654 あんさん〈すりょ〉（兄） 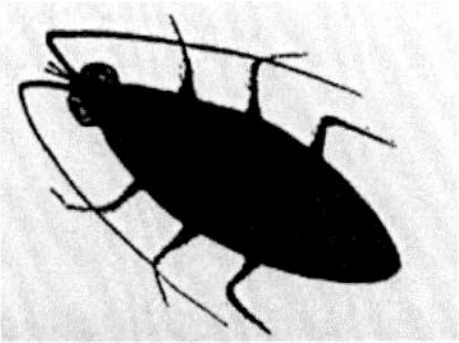
655 あんし（あの人達）
656 あんよ（あのね）
657 いお（魚）
658 いかんならん（行かなければならない）
659 いしゃどん（医者）
660 いだ（ウグイ）
661 いちめ（一枚）
662 いっかくる〈ひっかくる〉（水を掛ける）
663 いっこむ（流し込む、飲み込む）
664 いっしゅ（一升）
665 いってん（行ってごらん）
666 いもつ（妹）
667 いやれん（言われない）
668 うし（薄い）

※八代地区

669 うじがんさま（氏神様）
670 うしんべろ（ギシギシ）
671 うの（牝牛）
672 うむれる（蒸し上がる）
673 うんなぐる（殴る）
674 えせん（することが出来ない）
675 えつ（やいと、お灸）
676 えれ（偉い、大変、凄い）
677 おごく（赤飯のおこわ）
678 おし（遅い）
679 おしなあ（夕刻の挨拶）
680 おせ（大人）
681 おっかん〈おかん〉（母、往還）
682 おっとこがね（居る所がない）
683 おとし（ポケット）
684 おとち（おととい）
685 おとつ〈しゃち〉（弟）
686 おとっちゃん〈おっちゃん、おとっさん〉（父）
687 おばん（おばさん）
688 おみ〈おんて〉（重い）
689 おろいい（品質が悪い）
690 おんじょ（年寄り）
691 かじね（クズの根）
692 かたぐ（担ぐ）
693 かたし（椿）
694 かってがわり（勝手が悪い）
695 かねくり（氷）
696 かぶんす〈かぼんす〉（頭の大きい人）
697 かまげ（かます）
698 かまばれ（くさかり）
699 がまんど（薄暗い洞穴）
700 がもじん（恐い人、お化け）
701 からげる（着物の裾をまくりあげる）
702 がらっぱ（河童）
703 がらみ（ノブドウ）

704 かり（軽い）
705 かんじん（乞食、物乞い人）
706 がんだれ（洗面器）
707 かんたろみみず（ヤマミミズ）
708 きがしれん（気持ちが分らない）
709 きかんたろう（いたずらっ子）
710 きしょくがわり（気持ちが悪い）
711 きじら（シロアリ）
712 きぬ（昨日）
713 きむん（着物）
714 ぎめ（バッタ）
715 きゅ（今日）
716 きょで（兄弟）
717 きりばん（まな板）
718 ぎんがら（コガネムシ）
719 きんきんひざ（正座）
720 きんごろ（睾丸）
721 きんだごろ（固い糞便）
722 きんちょじ〈きんちょき〉（マリーゴールド）
723 くせ（臭い）
724 くせむん（くせ者）
725 くそごり（カラスウリ）
726 ぐべんしゃ〈ぶげんしゃ〉（大金持ち）
727 ぐらっした（がっかりした）
728 くれ（暗い、土のかたまり）
729 けしぬ（死ぬ）
730 けっつんぶろ（カイツブリ）
731 げのげ（最低、最下位）
732 げりん（オタマジャクシ）
733 げる（変種する）
734 こいなる（濃くなる）
735 こえ（肥料）
736 こぐる（くぐる）
737 こしゅ（唐辛子）
738 こたゆる（強く感じる、衝撃を受ける）

739 こち（牡牛）
740 こっかい（ここから）
741 こっこ（ムベ）
742 こづむ（積み重ねる）
743 ごて（体）
744 こばっつく（こばりつく）
745 ごひ（御幣）
746 こひる（午前中のおやつ）
747 こぶのえ（蜘蛛の巣）
748 ごも（ハゼ科の硬骨魚）
749 ころっここず（フクロウ）
750 ごろんさま〈ごろごろさま〉（雷）
751 ごんご（五合）
752 ごんぼ（ゴボウ）
753 さかむけ（指のささくれ）
754 さすらう（病気になる，たたりがくる）
755 さとがら（イタドリ）
756 さのぼり（田植えの後の内祝い）

757 さみ（寒い）
758 さんどまめ（インゲンマメ）
759 しおはい（しょっぱい）
760 しこっちょる（筋肉がたくましい）
761 したんこら（下の河原）
762 しって（二番立ちの稲）
763 じもね（だらしない、無礼な）
764 じゃあな〈じゃじ〉（そうだな、そうだよ）
765 しゃぐじょる（かがんでいる）
766 じゃろかい（そうだろうか）
767 じゅじゅまき（つむじ）
768 しょい（醤油）
769 しょけ（ざる）
770 じょり（草履）
771 しょろさま（精霊さま）
772 しんり〈しんじ〉（親類）
773 すいすい（スイバ）
774 すっがき（杉垣）

775 ずな（砂）
776 ずなめ〈ぞなめ〉（メダカ）
777 すねんぼ（膝）
778 すば（唇）
779 すぼ（ほこり）
780 すぼる（けぶる、くすぶる）
781 ずめる（滑る）
782 せめ〈せべ〉（狭い）
783 ぜん（お金）
784 せんぎりかぜ（冬の季節風）
785 せんこうなぎ（鰻の幼魚）
786 せんび（煎餅）
787 たいしょ（彼、あの人）
788 たがえる（寝違える）
789 たきむん（薪）
790 だくまえび（テナガエビ）
791 たげ（仲良し、親友）
792 だご（団子）
793 たってん（立ってごらん）
794 だるくす〈だるすく〉（意気地なし）
795 だろすけ（馬鹿者）
796 たんご（桶）
797 たんび（度ごとに）
798 ちきり（竿秤）
799 ちっとん（少しも）
800 ちょか（急須、鉄瓶）
801 ちょかんきり（トカゲ）
802 つけむん（漬け物）
803 つむ（髪を切る）
804 でかん（住み込み使用人）
805 でく（大工）
806 てこ（太鼓）
807 でこん（大根）
808 でしゅん（来年）
809 でず（大豆）
810 でっさるく（出歩く）

811 でどん（神主、神職）
812 てのぐい（手拭い）
813 とい（遠い）
814 といとい（幼児語：ニワトリ）
815 ときび（トウモロコシ）
816 としとり（餅つき）
817 とっしゃ（フダンソウ）
818 とっちらかす（散らかし放題）
819 とびしゃこ（ホウセンカ）
820 とふ（豆腐）
821 どんげじゃろかい（どうだろうか）
822 どんぶかり（川の深いところ）
823 なおす（片付ける）
824 ながし（梅雨）
825 なきでた（泣き出した）
826 なごね（長くない）
827 ななっちゃ（午後のおやつ）
828 なば（椎茸）

829 なんてゆうてん（なんと言っても）
830 なんばん（南瓜）
831 にがごり（ニガウリ）
832 にめ（二枚）
833 ぬき（暑い、温かい）
834 ぬすど（泥棒）
835 ぬるがん（ぬるい風呂を好む人）
836 ねき（近く、そば）
837 ねぶつ（腫れ物）
838 ねまる（腐る）
839 ねりくり（餅とさつま芋をこねて作った団子）
840 のぼる（踏む）
841 ばいどん（獣医師）
842 はえ（早い、速い、コイ科の淡水魚）
843 はえなあ（朝の挨拶）
844 はぐる（めくる）
845 ばさん〈ばやん〉（婆さん）
846 はしかいん（狂犬）

847 はしらかす（はじけさせる）
848 はたがる（両足を開く）
849 ぱっちん（めんこ）
850 はなずれ（鼻汁）
851 はなんす（鼻の穴）
852 はみ（牛馬のえさ）
853 はりこむ（発憤する）
854 はわく（掃く）
855 ひがらめ（斜視）
856 ひき（低い）
857 びきたろ〈びきたん〉（蛙）
858 ひこじる〈ひっこじる〉（引きずる）
859 ひこた（ナマズの幼魚）
860 びっすい（すっぱい）
861 びび（幼児語：魚）
862 ひぼかす（炉の火で炙る）
863 ひょごんひょごん（くねくね曲がっている様子）
864 ひよす（ヒヨドリ）
865 ひり（広い）
866 びる（ヒル）
867 ひんかち（セキレイ）
868 ひんね（昼寝）
869 ひんねなる（無くなる）
870 ひんまがる（曲がる）
871 ふり（古い）
872 へくわっした（がっかりした）※八代地区
873 へこぼる（へこむ）
874 べらつ（沢山）
875 べらまけ（完敗）
876 へる（減る、入る）
877 ほけ（湯気）
878 ぼず（坊さん）
879 ほっどんさん（神主、神職）
880 ぼっぽ（竹筒）
881 ほめく（ほてる、熱くなる）

882 ほや（電球）
883 まいっとき（もうしばらく）
884 まさん〈じやん〉（爺さん）
885 まつぼり（へそくり）
886 まひといき（今一歩）
887 まぶり（背中の日よけ）
888 ままたんご（ままごと）
889 まめらん（まわらない、交わらない）
890 みそっちゅ（ミソサザイ）
891 みやい（みなさい）
892 むこどん（婿さん）
893 むしくれ（虫食い）
894 むすぶて（イヌビワ）
895 むっき（イカル）
896 めいぼ（ものもらい）
897 めえにち（毎日）
898 めご（食器入れ）
899 めむん（目の中の異物）　※木脇地区
900 めめたん（イタチ）
901 もちくさ（ヨモギ）
902 やえ（柔らかい）
903 やがち（やがて）
904 やし（安い）
905 やせ（野菜）
906 やちど（雇われ人）
907 やね（やに）
908 やぼ（藪）
909 やまこぶ（ジョロウグモ）
910 やまたろがに（モクズガニ）
911 やまとんぼ（オニヤンマ）
912 やんぼし（妖怪、山伏）
913 やんめ（ただれ目、はやり目）
914 やんもち（とりもち）
915 ゆうしたむんじゃ（よくしたものだ）
916 ゆうめ（言わないだろう）
917 ゆじ（用事）

918 ゆだる（湯舟）
919 ゆだれ（よだれ）
920 ゆるり（囲炉裏）
921 よかごたる（よさそうだ）
922 よかつ（よいもの、良質のもの）
923 よからん（よくない）
924 よったり（４人）

925 よま（紐）
926 らっかしょ（落花生）
927 らむねんたま（ビー玉）
928 わち（私）
929 わるた（笑った）
930 わんごろ（輪）

コラム１

バス停での会話

Ａ：あさ はよかい、どき いきなっとか。
Ｂ：てが しびるる むんじゃかい、みやざきの びょういんに いてみろと おもて。
Ａ：ばさ、なんじん くっとや。
Ｂ：じこくひょうにゃ、九じさじっぷんて かいちゃっとに いっここんとよ。
Ａ：はよ くっといがな。きをつけち いてきないよ。
Ｂ：おおきんな。あんたも あしがいてっちゃろ、ひっこけんごつ しなりよ。
Ａ：うん。ほんなら またあうわ。

四　国富方言の特長

国富方言の印象を概括的に言えば、

(一) 荒っぽい
(二) 素朴で飾り気がない
(三) 温かみがある
(四) 表現が端的である
(五) のんびりした感じがする

といったところですが、個々の方言をいくつかの観点から整理してみると、その特長が具体的に明らかになります。

その一つは「熱い」を「あち」、「重い」を「おみ」のように語句を短縮した方言が多いことです。次は、「けくされる、けわすれた」の「け」や「なましんきな、なますかん」の「なま」のように独特の接頭語を付けた方言が目につきます。また、「どきいくとか」の「か」や「しらんど」の「ど」のように特異の接尾語がついた方言も少なくありません。あるいは「あっさね、こっさね」の「さね」や「きてん、みてん」の「てん」のように語句の後に独特の語をつけた方言も数多くあります。その他「いきゃった」「しゃった」のように敬語的な用法の方言も特長の一つです。中には、「みやがんな」「やっすった」「わやく」など語源が不明確な特有の方言もあります。

なお、蛙のことは総称として「びきたろ」と言いますが、形態上の区分から「わくどびき」（イボガエル）や「たかしろびき」（トノサマガエル）といった方言もあります。

以下、いくつかの項目と語句を並べて国富方言の特長を列挙してみます。

一 長い言葉を短くした方言

①「め」（まい⇩一枚、二枚）
②「ぺ」（ぱい⇩腹一杯、心配）
③「あち」（熱い）
④「うし」（薄い）
⑤「おみ」（重い）
⑥「かい」（痒い）
⑦「かし」（加勢）
⑧「けみ」（煙い）
⑨「さみ」（寒い）
⑩「せめ」（狭い）
⑪「そど」（騒動）
⑫「たけ」（高い、高価）
⑬「だご」（団子）
⑭「でく」（大工）
⑮「とふ」（豆腐）
⑯「ぬり」（ぬるい）
⑰「ひき」（低い）
⑱「ひり」（広い）

⑲「ふて」（太い）

二　独特の接頭語がある方言

①「いっ」（いっかやす、いっかくる）
②「うっ」（うったつ、うっちょく、うったくる）
③「え」（えいかん、えおけん、えかなわん、えわすれん）
④「えれ」（えれこつ、えれむんじゃ）
⑤「おっ」（おっとる、おっこね）
⑥「け」（けくされる、けすわる、けわすれる）
⑦「さで」（さでどる、さでこける）
⑧「しち」（しちくじ、しちめんどくせ）
⑨「つん」（つんきる、つんぼる、つんまげる）

三　独特の接尾語がある方言

①「か」➡疑問、質問（くわんとか、どきいくとか）
②「が」➡よ、ぞ（しっかりせにゃいかんが、しんぱいせんでぃが）

⑳「やし」（安い）

⑩「とんと」（とんといかんわ、とんとまいった）
⑪「なま」（なまいそがし、なまおかし、なましんきな、なますかん）
⑫「ひっ」（ひっこける、ひったまがる、ひっきる）
⑬「ひん」（ひんだれる、ひんでる、ひんにげる、ひんねむる）
⑭「ほたり」（ほたりうっする、ほたりこける、ほたりまける）
⑮「まっ」（まっくり、まっけ、まっしり）

③「ど」➡よ、ぞ（しらんど、みゆっど）
④「と」➡質問（どこんいくと、なぬすっと）

⑤「な」⬇疑問、質問、否定、共感（いわねな、どしたつな、すんな、そうよな）

⑥「ね」⬇否定、同意、質問（なんでんね、まこっちゃね、どしたつね）

⑦「め」⬇ないだろう（そこへんにゃおるめ、わりこたするめ）

⑧「や」⬇疑問、質問、催促（どしたつや、はよすや、いこや）

⑨「よ」⬇指示、命令（いうてみよ、きてみよ、いってみよ）

四　語句の前に短縮語を付けた方言

①「えろ」⬇とても（えろはえな、えろおみど、えろおっこねが）

②「こき」⬇ここに（こきさてん、こきあがれ）

③「こん」⬇この（こんやつ、こんわろ、こんばかたれ）

④「そら」⬇それは（そらいかん、そらおもしり）

⑤「てげ」⬇ずいぶん（てげおっこね、てげもうけた）

⑥「どき」⬇どこに（どきいくと、どきあったか）

⑦「どんげ」⬇どのように（どんげすっと、どんげしたな）※「どげん」でなく「どんげ」が国富方言の特長

⑧「なま」⬇たいへん（なますかん、なまおかし、なましんきな）

⑨「はよ」⬇はやく（はよせんか、はよいけ）

⑩「ふて」⬇おおきい（ふてこついうな、ふてぁしじゃね）

五　語句の後に独特の語を付けた方言

①「かぶる」➡はんぱなようす（なっかぶる、ねむりかぶる）
②「かやす」➡反転、反論（そりくりかやす、けくりかやす、何かやすか）
③「げ」➡家（おりげ、わりげ、おげ、うちげ、あんたげ）
④「げな」➡ような、そうだ（あんげな、いくげな、みたげな）
⑤「げん」➡家の（わげん、あんたげん、うちげん、おまえげん）
⑥「ごつ」➡ように（やまんごつ、としよりんごつ）
⑦「ごろ」➡人（よちごろ、よだきんごろ、やせごろ）
⑧「さね」➡方へ（あっさね、こっさね、いっぽさね）
⑨「し」➡人達（あのし、こんし、わけし）
⑩「しね」➡の方へ（あっしね、こっしね、みぎしね）
⑪「じゃが」➡だよ（まだじゃが、いくとじゃが）
⑫「じゃかい」➡だから（ほっじゃかい、しらんとじゃかい）
⑬「じゃろ」➡だろう（いかんとじゃろ、せんとじゃろ）
⑭「しらかす」➡つける（たたっしらかす、ふんしらかす）
⑮「たくる」➡たおす（おしたくる、きったくる、けったくる）
⑯「たれ」➡者（ばかたれ、くそたれ、がんたれ）
⑰「ちゃが」➡したんだよ（したっちゃが、いったっちゃが）
⑱「ちょる」➡ている（おてちょる、はいっちょる、くいっちょる）
⑲「ちょれ」➡しておれ（だまっちょれ、かえっちょれ）
⑳「つよ」➡のよ（さみつよ、いてつよ）

㉑「でち」➡と思って（とろでち、いこでち）

㉒「てん」➡ごらん（きてん、してん、みてん）

㉓「でん」➡でも（どこでん、なんぶでん、ほんでん）

㉔「どが」➡だろう（みたこたねどが、はらがへったどが、しらんどが）

㉕「どま」➡達は（おまえどま、おっどま）

㉖「とよ」➡のよ（わからんとよ、しらんとよ、でけんとよ）

㉗「どん」➡達（おっどん、わちどん、あんたどん）

㉘「ない」➡なさい（きない、いきない、たべない）

㉙「なんな」➡するな（しなんな、いきなんな、きなんな）

㉚「にゃ」➡には、なくては（あんたげにゃ、きをつけにゃ）

㉛「ぼや」➡しようや（あそぼや、いかんぼや、せんぼや）

㉜「むん」➡否定、者（やめられんむん、いかれんむん、わけむん、よかむん）

㉝「むんじゃ」➡ものだ（やしむんじゃ、こめむんじゃ）

㉞「らん」➡否定（いきゃらん、おりゃらん）

六　語句の後に共通語の変形した語を付けた方言

①「かい」➡から（ほっじゃかい、わからんかい）

②「くり」➡くれ（かしてくり、もってきてくり、てつどてくり）

③「くれ」➡くらい（そんくれ、どんくれ、ちっとぐれ）

④「こた」➡ことは（みたこた、きいたこた、そんげなこた）

⑤「こつ」➡こと（あんたんこつ、あんげなこつ、

そんくれんこつ）

⑥「しれん」⬇しれない（なんとんしれん、そうかんしれん）

⑦「せじ」⬇せずに（おれいもせじ、なんもせじ）

⑧「どま」⬇達は（あんたどま、わっどま）

⑨「まじ」⬇まで（どこまじ、そこまじ）

⑩「むんぬ」⬇ものを（すればいいむんぬ、いけばいいむんぬ）

七　敬語的な表現をする方言

①「いきゃった」（出かけられた）

②「いやった」（言われた）

③「かえりゃった」（帰られた）

④「きやる」（いらっしゃる）

⑤「くやった」（食べられた）

⑥「くりゃった」（くださった）

⑦「しやった」（された、なさった）

⑧「ねやった」（やすまれた）

⑨「のみゃった」（飲まれた）

⑩「みやる」（ご覧になる）

八　共通語が変化したと思われる方言

①「あんべ」（案配、具合、調子）

②「うめね」（うまくない）

③「えれめ」（酷い目）

④「かんさま」（神様）

⑤「ごっそ」（ご馳走）

⑥「しゃち」（舎弟→弟）

⑦「すりょ」（総領→兄）

⑧「ちゅんて」（冷たい）

⑨「どしゅんならん」〈どもならん〉（どうにもならない）

⑩「ねなる」（無くなる）
⑪「ひんね」（昼寝）
⑫「まこっか」（真事か）
⑬「めえにち」（毎日）
⑭「やっけな」（やっかいな、面倒くさい）
⑮「よいならん」（容易でない、大変だ）

九　語源が想定できない特有の方言

①「あえちょる」（落ちている）
②「あたれ」（惜しい、もったいない）
③「えぞろし」（気味が悪い）
④「じゃろ」（そうだろう）
⑤「せしかう」（慌てる）
⑥「てにゃわん」（仕方がない）
⑦「どばつ」（沢山）
⑧「はたで」（急に）
⑨「ほっじゃかい」（それだから）
⑩「ほっじゃけん」（だけど）
⑪「みやがんな」（増長するな）
⑫「もどかす」（からかう）
⑬「やっすった」（失敗した）
⑭「よくう」（休む）
⑮「わやく」（冗談）

十　同じ言葉でも違った意味のある方言

①「いかん」……「行かない」と「いけない」
②「いくる」……「埋める」と「酒が飲める」
③「えれ」……「偉い」と「大変」と「凄い」
④「おかん」……「往還」（道路）と「母親」
⑤「おごる」……「騒ぐ」と「ご馳走する」
⑥「きちょる」……「着ている」と「来てい

る」

⑦「くれ」……「暗い」と「土の塊」

⑧「たけ」……「高い」と「高価」

⑨「ぬり」……「ぬるい」と「遅い」

⑩「はえ」……「早い、速い」と「コイ科の淡水魚」

⑪「ひっかぶる」……「受けかぶる」と「うんこが漏れる」

⑫「へる」……「減る」と「入る」

国富方言の中には、同じ意味を表すのに別の表現をする言葉もある。例えば「沢山、一杯」という意味の方言には「えれこつ」「ぎょっさん」「ごっとり」「ずばつ」「どやつ」などがある。

十一　その他、独特な使い方をする方言

①「いっかた」⬇ろうじんクラブの　いっかたは　どんげじゃったや（老人クラブのお出掛けは どうでしたか）

②「……じゃの　……じゃの」⬇いくじゃのいかんじゃのいいよるが　どんげすっとかしらん（行くとか 行かないとか言ってるけど どうするのだろうか）

③「……でっさるが」⬇しゃちょうていうてん　しゃいんなふたりでっさるが（社長といっても 社員は わずか二人だよ）

④「……のこっか」⬇おおみずがでたげながひがいはそんくれんこっか（大水が出たそうだが 被害はそのくらいのことか）

⑤「……のとこよ」⬇いまみんなよろち　おせちりょうりをつくりよっとこよ（今みんな集まって お節料理を 作っているところよ）

⑥「……のなんの」⬇せんそうごっこのなんの　ゲームでん　そんげなあそびはいかん（戦争ごっこなどと　ゲームでも　そんな遊びはいけない）

⑦「……のさたか」⬇いそがしして　りょこうどん　いくさたか（忙しくて　旅行なんかにいくどころじゃない）

⑧「……のまねか」⬇ばかんよなこつして　なんのまねか（馬鹿みたいなことをして　何のまねごとか）

⑨「もっちょりかた」⬇おみして　もっちょりかたが　よいならん（重くて　持っているのが大変だ）

⑩「べら」⬇たいしょは　さけはすきじゃけんどん　べらじゃがな（彼は　酒は好きだけど弱いよな）

⑪「です、です」（相手の考えに賛同した時の相槌、助動詞〈だ〉の丁寧語）他に「ですね」「じゃあ、じゃあ」「じゃが、じゃが」等、同じ意味の方言もある。

⑫「のさん」⬇（つらい、おっくう、いやだ）
「よだきい」⬇（おっくう、めんどう）
「たまらん」⬇（つらい、やりきれん）など消極的な行動に繋（つな）がるような方言もよく使われる。

十二　共通語を国富方言と勘違いして使っている語

①「いかん」（行かない、いけない）
②「おらぶ」（叫ぶ）
③「かけめ」（目方）
④「かざ」（臭い）
⑤「きびしょ」（急須）
⑥「きびる」（結ぶ、縛る）

⑦「くちがましい」（口数が多い）
⑧「ぐるり」（周囲）
⑨「くれる」（あげる）
⑩「けちらかす」（蹴散らす）
⑪「げんげ」（レンゲソウ）
⑫「こぎる」（小さく切る）
⑬「さっさと」（すばやく）
⑭「さるまた」（パンティー、ブリーフ）
⑮「しこたま」（沢山、一杯）
⑯「しゃくせん」（借金）
⑰「すわぶる」（しゃぶる）
⑱「たぎる」（沸騰する、激情する）
⑲「たまがる」（びっくりする）
⑳「つづれ」（ぼろぎれ）
㉑「としのばん」（大晦日の夜）
㉒「どやす」（殴（なぐ）る、叩（たた）く）
㉓「なえ」（地震）
㉔「ながじり」（長居をする）
㉕「なんど」（奥の部屋）
㉖「ねだるる」（せがむ、ほしがる）
㉗「ねぶる」（なめる）
㉘「のこくず」（おがくず）
㉙「びんた」（頭）
㉚「へぐろ」（かまどのすす）
㉛「ほろせ」（蕁麻疹（じんましん））
㉜「ほやけ」（あざ）
㉝「まちば」（町の中心地）
㉞「むこづら」（額）
㉟「めんめん」（自分自分、各自）
㊱「よくづら」（欲張り）
㊲「よま」（細ひも）
㊳「よめじょ」（嫁女）

コラム2

同窓生の集まりでの会話

A：ひさしぶりじゃなあ、みんなげんきじゃったや。

B：げんきじゃろか、このごら あしこしが よわっち、そこまじ いくとでん よいならんが。

C：まこち、としとって よかこた なんもねな。

D：おっどんも、あっちこっち わりとこ ばっかいじゃが。

B：おっだ ちっとぐれ わりしてん、しごつせんわけにゃ いかんむんな。

A：あんたげは、もういねかりゃ すんだつや。

B：すんだど。むすこどんが ゆうやちくるるかい たすかっちょっとよ。

A：あんたげは、よか あととりが おりゃるかい いわな。

B：むすこん よめも、いう はたらくがな。

C：おっどんがごつ、げっきゅどり じゃったむんな、ねんきんで どかこか くていくが、あとつぎが おらん のうかは えれこつよな。

D：まこつよなあ。こうけいしゃが おらんとな。

A：ほんでん、こりかいさきゃ よのなか どんげなるも わからんど。

C：なんていうてん いちばん もんだいなた、じんこうげんしょうよ。

D：このごら けっこんせん わけむんが おいむんな。

五　昭和初期頃の本庄、八代地区の方言

国富町本庄は、古代から藩政時代にいたるまで交通の要衝として栄え、江戸時代には、和泉屋、桝屋等の豪商が出現しました。この豪商達は、本庄川の船着き場に集荷した米や和紙などの農産物を帆掛け船で宮崎市の赤江港に運び、そこから千石船に積みかえて京阪地方との交易を行っていました。そこでは物品の取り引きだけでなく、人々との交流を通して様々な上方文化が入ってきたようです。その影響を受けて本庄では和歌俳諧、書画骨董、歌舞伎人形や豊年踊り等の町人を中心とした庶民文化が普及、発展しました。そして、それは人々の言葉にまで及んでいたようです。次のページに記載している「昭和初期頃の本庄台地一帯の方言」を見ると、これらの方言は関西弁の臭いが強く感じられます。当時、この地域ではこのような方言が、大人の会話の中で日常的に使われていたのです。

一方、国富町全体を見ると、当時は幕府領、薩摩藩領、高鍋藩領が混在していました。幕府領確定後の各藩領の規模を「元禄郷帳」(石高)で見ると、薩摩藩領約四十五パーセント、幕府領約三〇パーセント、高鍋藩領約二五パーセントとなっています。領地、石高共に最も大きいのは薩摩藩領ですが、その領内には現在の国富町八代の北俣、南俣、深年、国富町本庄の田尻、向高がありました。後に記載している「昭和初期頃の八代地区の方言」や「昭和初期頃の田尻地区の方言」を見ると分かるように、両地

区とも薩摩弁（必ずしも薩摩弁と全く同じ方言ばかりではない）が日常会話ではごく自然に使われていたようです。ただ、八代、田尻両地区でこれらの方言がこの土地の言葉として使われていたのは昭和二十年代頃までのようです。

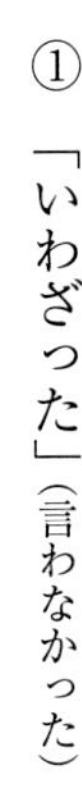

昭和初期頃の本庄台地一帯の方言

①「いわざった」（言わなかった）
②「いわはった」（言われた、おっしゃった）
③「ござんした」（ございました）
④「ござんせん」（ございません）
⑤「しちょらはる」（しておられる）
⑥「しらざった」（知らなかった）
⑦「どうしなはったか」（どうされましたか）
⑧「どきいかはったか」（どこに行かれましたか）
⑨「どこいきじゃんすか」（どちらにお出掛けですか）
⑩「よしょる」（している）
⑪「ごご」（女性の敬称：〈例〉千代→おちよごご）
⑫「わこ」（男性の敬称：〈例〉國次郎→くんじろわこ）

昭和初期頃の八代地区の方言

①「いわっど」（いわれるぞ）
②「くれもした」（くださった）
③「こらえにゃど」（我慢しなさいよ）
④「しなりよ」（しなさいよ）
⑤「じゃどん」（しかし、それでも）
⑥「かないもさん」（勝てない）

⑦「せんかよ」（しなさい）
⑧「たのんもす」（頼みます）
⑨「もへかい」（そんなに早くから）
⑩「もらわんずく」（貰わないまま）

昭和初期頃の田尻地区の方言

①「あばたむね」（幾らでも）
②「いたちきもそ」（行ってきます）
③「おじゃったもんしたか」（おいでくださいましたか）
④「おろじき」（呼んでこい）
⑤「きっかやす」（口答えをする）
⑥「じきせんか」（早くしろ）
⑦「じんばらけた」（怒った）
⑧「とぜんね」（寂しい、心細い）
⑨「なまんじゅ」（熟していない果物）
⑩「ねじゅかう」（駄々をこねる）

六　国富方言に関するアンケートの結果

町内の小中学生及び町内に居住する住民を対象に二〇三ページに示したようなアンケートを実施しました。小学生は六年生、中学生は二年生を対象に、住民は二十代、三十代、四十代、五十代の各年代の人々に依頼して実施しました。二十の方言を示して、その意味を問うという形式のアンケートですが、

年　　代	正 解 率	調査人員
小学６年	5.0%	20人
中学２年	11.6%	20人
20代	20.4%	35人
30代	36.2%	45人
40代	48.5%	45人
50代	73.6%	50人

その結果は上記の通りでした。

この表を見て分かることは、年代が若くなるほど方言を知らない割合が増えていることです。特に注目したいのは、五十代では正解率が七割を超えているのに、二十代では二割そこそこだという点です。具体的な数でいえば、二十代では二十の方言のうち意味が分かるのは四個程度ということです。小学生の場合は二十のうち知っている方言は一つしかないということになります。小学生の段階では、故郷の方言はもはや死語になっているように思われます。

正解率の最も高かった五十代の人達の解答の中で、誤答や空欄が目立ったのは、「まさん」「ちょかんきり」「なまづらにき」「ふがわり」「ふたん」などでした。誤答の中には、幾つか興味深いものがありましたので紹介しておきます。

①どやつ（沢山、一杯）➡　だれか、どの人

②つんぼる（漏れる）➡　耳が遠くなる、聞こえない

③あたれ（惜しい、もったいない）➡　何かに当たること、強要すること

④ふがわり（運が悪い）➡　態度が悪い、都合が悪い、調子が悪い、相性が悪い

⑤おぞんだ（目を覚ました）⬇こわがった、おじけづいた
⑥しょのむ（羨ましがる）⬇焼酎を飲む、飲み会のさそい、にくむ、ひねくれる
⑦ねなった（無くなった）⬇寝た、やすんだ
⑧ふたん（頬、ほっぺ）⬇負担、よけいなもの
⑨すぼ（ほこり）⬇すっぱい
⑩まさん（爺さん）⬇ニッカウヰスキーの創業者

国富方言についてのアンケート

一、次の言葉は国富町の方言です。それぞれの意味を（　）の中に書いてください。
これは正解を求めるテストではありません。どの年代の方がどの程度方言を知っているかを調べるために行うものです。意味の分からない所は何も書かないでください。

① あたれ（　　　）
② いちめ（　　　）
③ おぞんだ（　　　）
④ きょで（　　　）
⑤ しょのむ（　　　）
⑥ どやつ（　　　）
⑦ ねなった（　　　）
⑧ ふがわり（　　　）
⑨ まさん（　　　）
⑩ めしのせ（　　　）
⑪ もぞなぎ（　　　）
⑫ つんぼる（　　　）
⑬ でこん（　　　）
⑭ ごて（　　　）
⑮ かんつく（　　　）
⑯ すぼ（　　　）
⑰ ちょかんきり（　　　）
⑱ なまづらにき（　　　）
⑲ ふたん（　　　）
⑳ よくづら（　　　）

二、あなたの年齢は何歳代ですか。該当する番号に○印をつけてください。

① 二十代　② 三十代　③ 四十代　④ 五十代

※このアンケートは、令和二年八月に実施したものです。

七　項目別方言一覧

先に掲載した例文から国富町の方言やその言葉を使って暮らしている人々の生活（情景）の一端を感じ取っていただけたでしょうか。

この章では今回取り上げた九二〇の方言を、その意味や性格、使用場面ごとに分類し、「自分や家族、親戚に関わる言葉」等の項目を設けて再度掲載しました。日常生活の様々な場面での方言の使われ方を理解していただく際の参考になればと思っています。

自分や家族、親戚に関わる言葉

あんさん〈すりょ〉（兄）
いもつ（妹）
おがつ〈おれんと〉（俺の物）
おげん（うちの、俺の家の）
おっかん〈おかん〉（母、往還）
おっどん〈おんどん、わちどん〉（俺達、私達）
おとつ〈しゃち〉（弟）
おとっちゃん〈おっちゃん、おとっさん〉（父）
きょで（兄弟）
しんり〈しんじ〉（親類）
ばさん〈ばやん〉（婆さん）
まさん〈じやん〉（爺さん）
わち（私）

日々の暮らしの中で出会う人々などに関わる言葉

あっどん〈あのし〉（あの人達、あいつら）
ありが（あいつが）
あんがきゃ（あの野郎は）
あんし（あの人達）
あんたげ〈わりげ、わげ〉（あなたの家）
あんどん（あの人達）
いしゃどん（医者）
うちへん（うちあたり、隣近所）
おせ（大人）
おねどし（同い年）
おばん（おばさん）
おまや（お前は、あなたは）
おんじょ（年寄り）
がきされ（憎い奴、馬鹿野郎）
がもじん（恐い人、お化け）
かんじん（乞食、物乞い人）
くせむん（くせ者）
ぐべんしゃ〈ぶげんしゃ〉（大金持ち）
げどされ（馬鹿者、阿呆者）
げんだごろ〈げんだぼ〉（悪ん坊）
こっどん（この人達）
こどん（子ども達）
こんがきゃ（この野郎は、この餓鬼は）
こんげど（この野郎、この馬鹿者、この外道）
しょちゅくれ（飲み助）
たいしょ（彼、あの人）
たげ（仲良し、親友）
でかん（住み込み使用人）
でく（大工）
てげさぶろう（いい加減な人間）
でどん（神主、神職）
となんの（隣の）
ぬすど（泥棒）
ばいどん（獣医師）
ひとんかた（よその家）
ぼず（坊さん）
ほっどんさん（神主、神職）
むこどん（婿さん）
やちど（雇われ人）
やんぼし（妖怪、山伏）
ゆくれんぼ〈よくれんぼ〉（酔っ払い）

わけむん〈わけし〉（若者）
わっどん〈あんたどん、わっだ〉（お前達）
わりゃ〈わら、やど、うん〉（お前、君）

生活習慣などに関わる言葉

あれしのべ（食事の後片付け）
うじがんさま（氏神様）
おしなあ（夕刻の挨拶）
かんさまめり（神様参り、神社参り）
こひる（午前中のおやつ）
さのぼり（田植えの後の酒宴）
しょろさま（精霊さま）
だれやみ（晩酌）
としとり（餅つき）
ななっちゃ（午後のおやつ）
はえなあ（朝の挨拶）
ひんね（昼寝）

人の体や性格などに関わる言葉

あさねごろ（朝寝坊）
あつがん（熱い風呂を好む人）
あど（かかと）
いきわからん（道理が分からない）
いめましい（うるさい）
ういな（不調法）
うぜらし（うるさい、手足まとい）
えじ（ずるい）
えつ（やいと、お灸）
おせらし（大人びた）
おどな（図々しい）
かってごろ（わがままな人）
かぶんす〈かぼんす〉（頭の大きい人）
かんげんね（思慮のない）
がんたれ（まともでない人、不良）
かんなし（考えが足りない）
きかんたろ（いたずらっ子）

ぎすたれ（ひょうきん者）
ぎっちょ（左利き）
きんごろ（睾丸）
きんだごろ（固い糞便）
くがいっちょる（しっかりしている）
くじ〈ひちくじ〉（くどい）
くせらし（大人びた、生意気な）
けくされが（馬鹿者が）
こえちょる（太っている）
ごたまし（太く大きい）
ごて（体）
こんじょくされ（根性が腐っている）
さかむけ（指のささくれ）
さばけん（てきぱき仕事ができない、処理が遅い）
さむさむがでる（鳥肌が立つ）

しこっちょる（筋肉がたくましい）
しったびら〈けったびら〉（尻）
じゅじゅまき（つむじ）
しょがいっちょる（正気になっている、意識が戻っている）
じょきなむんじゃ（強情なもんだ）
しょね（根性、気構え）
ずっさらし（だらしがない、締りがない）
ずとれ（だらしない）
すねんぼ（膝）
すば（唇）
せしかう（慌てる、忙しい）
たちがわり（心がよくない、性格が悪い）

だちもね（締まりがない）
だるくす〈だるすく〉（意気地なし）
だろすけ（馬鹿者）
つ（かさぶた）
でけむん（おでき、できもの）
としげもね（年甲斐もない）
なけづら（泣き虫）
ぬるがん（ぬるい風呂を好む人）
ねくじょ（なかなか寝付かずむずがる）
ねぶつ（腫れ物）
のさっちょる（運がいい）
ばかっす〈ばかわろ〉（馬鹿者、馬鹿たれ）
はなずれ（鼻汁）
はなんす（鼻の穴）
ひがらめ（斜視）

ひとみず（人見知り）
ひょうきんたろ（ひょうきん者）
ふがわり（運が悪い）
ふけむね（思慮のない）
ふたん（頬、ほっぺ）
ぶちょほ（手際が悪い、行き届かない、不調法）
ほがね（頼りない、ぶざまで乱れた状態、意識がない）
ぼっけな（無謀な）
またくら（またぐら、股間）
みやがる（増長する）
めいぼ（ものもらい）
めむん（目の中の異物）
やかんたぎり（長続きしない）
やけじゅ（やけど、火傷）
やせごろ（痩せた人）
やんかぶる（髪が立ちかぶる）
やんめ（ただれ目）
ゆだれ（よだれ）
よかむん（いい子）
よだっごろ（怠け者）
よちごろ（弱虫）

人の気持ちや心意気を表す言葉

あたれ（惜しい、もったいない）
あてっぽす（当てずっぽう、当て推量）
あんどした（飽きがきた）
いかった（よかった）
いかんならん（行かなければならない）
いしてえ（水をかぶった時などに発する言葉）
いて（痛い）
うっかぶる（責任を負う）
うんだまあ（あらまあ）
うんにゃ（いやいや）
えせん（することができない）
えぞろし（気味が悪い）
えれむんじゃ（えらいことだ、あきれたもんだ）
おおきん（有難う）
おじ（恐い）
おっとこがね（居る所がない）
おてちて（落着いて）
おもしり（面白い）
およばん（容易でない、大変だ）
かい（痒い）

がまる（我を通す）
きがしれん（気持ちが分からない）
きしょくがわり（気持ちが悪い）
きち（きつい）
ぎ（理屈）
ぐらっした（がっかりした）
けたくそがわり（気持ちがよくない）
けみ（煙い）
しょのむ（羨ましがる）
しんきな（腹立たしい、はがゆい）
しんぺ（心配）
すかん（嫌い）
せからし（うるさい、騒々しい）
せっぺ（精一杯）
そがましい（騒がしい）

だい〈だり〉（だるい）
たまらん（つらい、やりきれん）
だれた（疲れた）
ちょこばい（くすぐったい）
どんげでんいい（どうでもいい）
なえちょる（困っている、脱力状態）
なまおかし（とても恥ずかしい）
なますかん（大嫌い）
なまづらにき（憎らしい）
なんでんね（何でもない）
なんどこじゃね（何をする余裕もない）
ねんて（眠い）
のさん（辛い、おっくう、いやだ）
のんて（飲みたい）
はがいい（悔しい、残念だ）
ばちかぶる（弁償する、責任を負う）

はりこむ（発憤する）
ひったまがる（驚く、びっくりする）
へくわっした（がっかりした）
べらっした（がっかりした）
ほいっぺ（精一杯）
ぼくじゃ（大変だ）
まひといき（今一歩）
もぞなぎ（可愛そう）
もぞらし（可愛い）
やっけな（やっかいな、面倒くさい）
ゆうめ（言わないだろう）
よいならん（容易でない、大変だ）
よざらん（余計な）
よだきい（おっくう、めんどう）

人や物の動きなどに関わる言葉

あぐる〈あげる〉（吐く）
あしけんけん（片足跳び）
あすじょる（遊んでいる）
あせくる（あさる）
あてごちょく（頼んでおく、任せておく）
あとげる（引き返す）
あもみる（甘く見る）
あるう（洗う）
いきゃった（行かれた、出掛けられた）
いくらう〈よくらう〉（酔っ払う）
いくる（埋める、よく飲める）
いっかくる〈ひっかくる〉（水を掛ける）

いっかやす〈ひっかやす〉（ひっくり返す、こぼす）
いっこむ（流し込む、飲み込む）
いてくる〈いちくる〉（行ってくる）
いわざった（言わなかった）
うっくえる（壊れる）
うっころす（殺す）
うっする（捨てる、無くす）
うっせちょく（すてておく、放っておく）
うったくる（売り払う）
うったつ（出発する、始める）
うっちょく（置き去りにする）
うっちらかす（強く打つ）
うっとまる（止まる）

うっぱがす（剥がす）
うてさるく（追いかける）
うどまかす（酷い目にあわせる）
うべる（薄める）
うむれる（蒸し上がる）
うんだく（抱く）
うんなぐる（殴る）
えいかん（行くことが出来ない）
えおけん（起きられない）
えざる（後退する）
おいちょく（置いておく）
おおちみる（会ってみる）
おごる（騒ぐ）
おしたくる（押しまくる）
おしょる（折る）
おぞむ（目を覚ます）

おっとる（盗む）
おなずく（仰向く）
おらん（居ない）
おりゃらん〈おんならん〉（いらっしゃらない）
かかじる（掻く）
かかる（さわる）
かし（加勢、手伝い）
がじむる（独り占めにする）
かたぐ（担ぐ）
かたる（話す、喋る）
かまえちょく（準備しておく）
かやす（文句を言う、反論する）
からう（背負う）
からげる（着物の裾をまくりあげる）
がらるる（叱られる）
かんつく（噛みつく）

きちょる（来ている、着ている）
きったくる（切る、切りまくる）
きびる（縛る）
きやった（おいでになった）
きんきんひざ（正座）
くそをひる（うんこをする、脱糞する）
くぶる（火に物を投げ込む）
くらする（殴る、叩く）
くるる（差し上げる）
くろずく〈くるずく〉（下を向く）
くろた（食べた）
げ（びり）
けくされる（腐る）
けくりかやす（蹴り倒す）
けしぬ（死ぬ）
けすわる（座る、へたり込む）

けったくる（蹴る）
けれる（生まれる）
けわすれる（忘れる）
こぐる（くぐる）
こさぐ（強く削る）
こたゆる（強く感じる）
こちくる（買ってくる）
こづむ（積み重ねる）
ことかす（呼び掛ける、声を掛ける）
こどり（手伝い）
こなす（いじめる）
こんむん（来ないもん）
さでこけた（ころんだ）
さでこむ（何もかも一緒に投げ込む）
さでどり（根こそぎ取る）
さるく（歩き回る）

さんぶ（幼児語：かがんで尻を上げる）
じぇじぇら（ぐずぐず言う）
しかぶる（もらす）
しちぇくれた（してやった）
しちょらん（していない）
しちょる（している）
しっちょる（知っている）
しのべる（片付ける、仕舞う）
じもね（無礼（ぶれい）な、だらしない）
しゃぐじょる（かがんでいる）
しやった（された、なさった）
しゃっち（どうしても）
しやらん（されない、なさらない）
しゅんくりかえる（潜る）
じょこんづい（根気強い）
しょべんぬばる（小便をする、放尿する）
しんどする（苦労する、無理をする）
じんばらかく（怒る、ふてくされる）
しんみらっと（集中して、気持ちを込めて）
ずっさがる（ずり落ちる）
すばゆる（じゃれつく）
ずめる（滑る）
せっつく（寄り付く）
せん（しない）
せんぎ（せんさく、文句）
ぞくる（ふざける）
そど（騒ぐ、騒動）
そりくりかえる（背を反らす）
たがえる（寝違える）
たたいっき〈たったいっき〉（今すぐ、早く）
たたきしらかす〈たたっしらかす〉（叩く、叩きまわす）
たぬで（頼んで）
だるる（参る、疲れる）
たんねる（尋ねる）
ちょこぐる〈こちょぐる〉（くすぐる）
つくじる（いじる）
つまんくじる（つまんでひねる）
つむ（髪を切る）
つれちく（連れて行く）
てがまし（すぐ手を出す）
でけん（出来ない）
でちこん（出て来ない）
てつける〈てっける〉（火を付ける）
でっさるく（出歩く）

てのじく（連れて行く）
どっしぇん（どうしても）
どやす（殴る、叩く）
どんげしてでん（何がなんでも、どんなにしてでも）
とんな（取るな）
とんぱしる（はじける、はちきれる）
なおす（片付ける）
なきでた（泣き出した）
なげしらかす（投げつける）
なすりこすり（なすりついて甘える）
なっかぶる（半泣き）
なっちょる（なっている）
なわね（縄ない）
なんかかる（もたれかかる）
なんこむ（投げ込む）

ぬったくる（塗る、塗りまくる）
ねごんなる〈ねなる〉（無くなる）
ねちょる（寝ている）
のぼる（踏む）
のんかた（飲み方、飲み会）
のんこむ（飲み込む）
ばかう（取り合う）
ばかんさるる（馬鹿にされる）
はぐる（めくる）
はしぐら（かけっこ）
はしっさるく（走り回る）
はしらかす（はじけさせる）
はたがる（両足を開く）
はっちた（行ってしまった、亡くなった）
はめつける（努力する、魂を入れる）

はらかく（怒る、立腹する）
はらぼて（腹ばって、うつ伏せになって）
はるた（払った）
はわく（掃く）
はんくりかやる（ひっくり返る）
ひこじる〈ひっこじる〉（引きずる）
ひっかぶる（受けかぶる、うんこが漏れる）
ひっきゃぶる（破る）
ひっきる（切る）
ひっこける（転ぶ）
ひっちちょる（くっついている）
ひっつこた（遣ってしまった）
びびんちゃんこ（肩車）
ひぼかす（炉の火で炙る）
ひやがる（水が無くなる、乾く）

ひょろんかったん（ひょろひょろ）
ひりかぶる（うんこが漏れる）
ひるた（拾った）
ひんでる（物が外に出る、はみ出す）
ひんにげる（逃げる）
ひんねむる（眠る）
ひんもどる（帰る）
ふむ（履く）
ふろんへる（風呂に入る）
ふんしらかす（踏みつける）
へこぼる（へこむ）
べっしぐ（押し潰す、轢く）
へのくそんごついう（汚い言葉で罵る、馬鹿みたいに言う）
べらまけ（完敗）
へる（減る、入る）
へれる（入れる）
ほげる〈ほぐる〉（穴が開く）
ほたりまける（負ける）
ほて（這って）
まくじる（もつれる）
またおた（また会った、再び会った）
まっちょる（待っている）
まぬる（告げ口する、言いつける）
ままたんご（ままごと）
まめらん（まわらない、交わらない）
みずあべ（水泳）
むけめ（迎え）
むこてくる〈むこっくる〉（向かって来る）
めんへらん（見えない）
もぞがる（可愛がる）
もっちた（持って行った）
もどかす（からかう）
もろた（貰った）
やきたくる（燃やす、焼き尽くす）
やくる（叱る）
やけしらかす（叱りとばす）
やすった（失敗した）
やまいもをほる（酔ってくだを巻く）
やんにき（難しい、やりにくい）
ゆじ（用事）
ゆてきかする（言って聞かせる）
よくう（休む、休憩する）
よどれる（長湯でのぼせる）
よろち（集まって、揃って）
わやく（冗談、本気でないこと）

人に呼びかけたり問いかけたりするときの言葉

あっど（あるよ、あるぞ）
あんべらしゅ（うまい具合に）
あんよ（あのね）
いいなんな（言わないで）
いが（いいよ）
いかろ（いいだろう）
いかんとや（行かないの）
いかんめや（行かないことにしよう）
いきない（行きなさい）
いきならんや（行きませんか）
いきゃならん（行ってはいけない、行くことが出来ない）
いくど〈いこや〉（行こう）
いくとや（行くのですか）
いこっちゃ（いいよ、いいじゃないか）
いっちゃが（いいんだよ）
いっちょれ（行っておれ）
いってん（行ってごらん）
いてみろ〈いちみろ〉（行ってみよう）
いど（いいよ）
いどかい（いいだろうか）
いどこじゃねが（いいですよ、結構です）
いどん（いいけど）
いやっど（言われるよ）
いやれん（言われない）
いらんこっちゃ（余計なことだ）
いわにゃど（言いなさいよ）
いわねな（よくはないか、いいのではないか）
いんまぼくよ（今に大変なことになるよ）
うてなうな（相手にするな）
えれこっちゃ（大変なことだ）
えろはえな（ずいぶん早いな）
おくっちくり（送ってくれ）
おけんか（起きなさい）
おすなった（遅くなった）
おぼえちょらん（記憶にない、覚えていない）
おるめ（居ないだろう）
かえっど（帰るよ）
かしてん（貸してよ、貸してくれ）
きかんむんじゃ（聞かないもの

だ）
きくっど（効果があるぞ、酔いがまわるぞ）
きない〈きてん〉（おいで、来なさい）
きばっちみろ（頑張ってみよう）
くんな（来るな）
くんない〈くりゃい〉（ください、ちょうだい）
こっかい（ここから）
こっでいが（これでいいよ）
こっでこす（これでこそ）
こんか（来ないか、おいで）
ざっといかん（簡単にはいかん）
ざまがね（みっともない、なりふりがよくない）
ざまよ（ざまみろ）
したっか（したのか）
したっちゃが（したよ、したんだよ）
しなりよ（しなさいよ）
しなんな（しないで、しなさんな）
しまいなったか（夕食はすみましたか）
しもた（しまった）
じゃかいよ（だからよ）
じゃあな〈じゃじ〉（そうだな、そうだよ）
じゃがじゃが（そうだそうだ）
じゃけんどん（だが、だけど）
じゃこた（そうだ、その通りだ）
じゃったな（そうだったね）
じゃっとよ（そうだよ）
じゃねど（そうじゃないぞ）
じゃろかい（そうだろうか）
じゃろじゃろ（そうだろう）
しゃんとせにゃ（しっかりしなさい）
しろか（知らんよ）
すっど〈すや〉（しよう、するぞ）
するめ（しないだろう）
するや（しますか）
すんな（するな）
せわねが（大丈夫だ、心配はいらない）
たってん（立ってごらん）
だまっちょれ（黙っておれ、口外するな）
だめじゃった（駄目だった）
ちょっきてん（ちょっとおいで、ちょっと来てごらん）
だれや（誰ですか）

でくっが（出来るよ）
でけちょらん（出来ていない）
でごっちゃ（大変なことだ）
でっじゃ（大変だ、おおごとだ）
てにゃわん〈てにゃおか〉（仕方がない）
どかしらん（どうだか分からない）
どこな（何処ですか）
どしたこつか（どうしたことか）
どしたつや（どうしたの）
どしゅんならん〈どもならん〉（どうにもならない）
どすんな（どうしますか）
とっちくり（取ってくれ）
どら（どれどれ、ちょっと）
どんげかせんと（どうにかしないと）
どんげしたっか（どうしたんだ）
どんげじゃろかい（どうだろうか）
どんげすっと（どうするの）
どんげなあんべか（どんな具合か、どんな案配か）
どんげなふや（どんな様子ですか）
なして（どうして）
なっとど（なるんだよ）
なにぬかすか（何を言うか）
なんごつか（何ごとか）
なんしちょっと（何をしているの）
なんすっとか（何をするのか）
なんてゆうてん（なんと言っても）
なんとんしれん（馬鹿ばかしい、何にもならない）
なんぶすっと（幾らするの）
なんや（何ですか）
ぬくわねな（暑くはないか）
ねっちゃろ（無いんだろう）
ねど（無いぞ）
はえど（早いぞ、速いよ）
はえむんじゃ〈はえなあ〉（早いもんだ、速いなあ）
はかれこつ（どうでもいい、知ったことか）
はよせんか（早くしないか、早くしろ）
はんららん（あらあら）
へらんぼや（入らないようにしよう）
ほっじゃかい（だから）
ほんじゃけん（でも、しかし）

まこつや〈まこっか〉（本当ですか）
まだじゃが（まだだよ）
みちょれ（見ておれ）
みやい（みなさい）
みゆっど（見えるぞ）
やいややいや（あらあら、まあまあ）
やちみろ（やってみよう）
やっちょられん〈やれん〉（やってられない）
ゆうしたむんじゃ（よくしたものだ）
ゆな（言うな）
よかごたる（よさそうだ）
よかっちゃが（いいんだよ）
よっちきない（寄っていきなさい）
わかっちょらん（分かっていない）
わっだうな（こらお前達は、お前達は見ておれ）

日々の生活の中でのいろいろな状況を表す言葉

あえちょる（落ちている）
あして（明日）
あたで（急に）
あせ（浅い）
あち（熱い、暑い）
あてんならん（信用できない）
あんぷな（危ない、危険な）
あんべ（具合、調子）
いいごつ（いいように）
いちめ（一枚）
いっこ（一向）
いっしゅ（一升）
いっちょごし（ひとつおき、交互に）
いつまっでん（何時までも）
いなるごつ（言われるまま、言われるとおり）
いみる（増える）
うごつ（大変なこと）
うし（薄い）
うど（大きい、太い）
うんぬく（追い抜く）
えかなわん（勝てない、勝ち目がない）
えしれんこつ（つまらないこと）
えれ（偉い、大変、凄い）
えれこつ〈どやつ〉（沢山、一

杯）
えれめ（酷い目）
おし（遅い）
おっこね〈おっけね〉（大きい）
おてちょる（落ちている）
おとち（おととい）
おろいい（品質が悪い）
おみ〈おんて〉（重い）
ががじゅ（出来そこない）
かきのらん（間に合わない）
かざる（臭う）
がじむる（独り占めにする）
かたもり（交互に）
がっつい〈がっつり〉（丁度）
かってがわり（勝手が悪い）
かり（軽い）
きっさね（汚い）
きぬ（昨日）

きゅ（今日）
ぎょっさん（沢山、一杯）
ぐあいと（うまい具合に、上手に）
くさるっだき（腐るほど）
くせ（臭い）
くらすみ（くらがり、くらやみ）
くれ（暗い、土のかたまり）
けさめる〈けさむる〉（さめる、冷える）
けしなぶる（しなびる）
けしんめ〈さかしんめ〉（裏返し）
げのげ（最低、最下位）
げる（変種する）
こいなる（濃くなる）
こさぎだす（引っ張り出す）
こてくた（買って食べた）

ことろしゅ（意外、めずらしい）
こねだ（この間、この前）
こばっつく（こばりつく）
こめ〈こんめ〉（小さい）
こもなった（小さくなった）
こりかい（これから）
こんくれ（このくらい）
ごんご（五合）
ごんずめんず（一杯押し込む、超満員）
こんにゃ（今夜）
こんまえ（この前、この間）
こんまま（このまま）
さきん（先に）
さすらう（病気になる、たたりがくる）
さみ（寒い）
しおはい（しょっぱい）

しなぶれちょる（しなびている）
じゅつね（狭苦しい、窮屈）
じょじゅ（成就、完成）
しょっくらしょん（まっすぐ）
すったり（すっかり、とても）
すったんばったん（てんてこ舞い）
するよなふじゃね（するような様子じゃない）
せめ〈せべ〉（狭い）
せんに（さっき、先程）
そこはめ（おしまい、仕上げ）
そっかい（そこから、それから）
そろっと（そっと、そろりと）
そんくれ（そのくらい）
そんげ（そんなに、そのように）
たけ（高い、高価）
だちがあかん（物事が解決しない、決着が付かない）
だっくりそっくり（不揃い）
たんび（度ごとに）
ちっとぐれ（少しぐらい）
ちっとん（少しも）
ちゅんて〈つんて〉（冷たい）
ちょびつ〈ちょこつ〉（ほんの少し）
ちんがらつ（めちゃくちゃ）
ちんこめ（小さい）
つねんね（常にない、普通でない）
つんぼる（漏れる）
てげ（おおよそ、とても、大抵）
てげてげ（ほどほど）
てげなあんべ（いい加減）
でしゅん（来年）
てそな（きつい、骨の折れること）
でっさるく（出歩く）
とい（遠い）
どこまじ（何処まで）
どしぐやし（共倒れ）
どしゅんこしゅん（どうにもこうにも）
とっちらかす（散らかし放題）
どばつ〈ごっとり、ずばつ〉（沢山、一杯）
とほむね（とんでもない、途方もない）
どれんこれん（どれもこれも）
どんくれ（どの位）
どんこん（どうにもこうにも）
なご（長く）
なごね（長くない）
なんでん（何でも）
なんでんかんでん（何でもかん

でも）
なんどこじゃね（何をする余裕もない）
なんぶ（幾ら、幾つ）
なんぶでん（幾らでも）
なんもね（何もない）
にぎやけ（賑やか）
にめ（二枚）
ぬき（暑い、温かい）
ぬり（ぬるい、遅い）
ねき（近く、そば）
ねこっちゃ（無いことだ）
ねまる（腐る）
ばかむしょに（むやみに）
はしっさるく（走り回る）
はたけちょる（開いている）
はたで（急に）
はちゃつ（急に）
はばしい（激しい、極端）
ぱやんぱやん（軽々しい、軽率）
はよおす（早々と）
ばんがた（夕刻）
ひがないちんち（一日中）
ひき（低い）
ひじ（酷い）
ぴしゃつ（ぴったり）
びっすい（すっぱい）
ひとっこつ（同じこと）
ひとっつん（ひとつも、まったく）
ひゃいと（何時も）
ひゃらひゃっと（順序よく、長々と）
ひょかつ（いきなり、突然）
ひょごんひょごん（くねくね曲がっている様子）
ひょしのひょこたん（まぐれあたり）
ひり（広い）
ひんねなる（無くなる）
ひんまがる（曲がる）
ぶあち（分厚い）
ふてめ（大変な目）
ふり（古い）
ぺたつ（ぺったり）
へとんしれん（馬鹿みたいな、何の役にも立たない）
へのよな（くだらない）
べらつ（沢山）
ほけ（湯気）
ほっでん（でも、それでも）
ぼど（全部）
ほめく（ほてる、熱くなる）
ほんこ（本番、本気）

まいっとき（もうしばらく）
まこち（本当に、まったく）
まちっと（もう少し）
まっくり（黒い、真っ黒）
まっけ（赤い、真っ赤）
まっしり（白い、真っ白）
まっぽす（まともに、真ん中）
まつぼり（へそくり）
みごち（見事な）
むしくれ（虫食い）
むっしょに〈むしょに〉（しきりに、無性に）
めえにち（毎日）
めって（めったに）
めめぎろし（目障り）
もへかい（もうから、そんなに早く）
やえ（柔らかい）
やおいかん（簡単にはいかない）
やがち（やがて）
やくせん〈やっせん〉（役に立たない、駄目になる）
やし（安い）
やね（やに）
やんだやり（とめどなく、休みなく）
ゆうしたむんじゃ（よくしたものだ）
ゆと（よく、しっかり）
ゆるっと（ゆっくり、ゆるやかに）
よかこつ（いいこと）
よかつ（よいもの、良質のもの）
よからん（よくない）
よかんべ（よりよく、きちんと）
よきにゃ（多くは、さほど）
よごじょる（曲がっている）
よったり（4人）
わり（悪い）

方角や場所、ものごとなどを指し示すときの言葉

あっき〈あっこ〉（あそこ）
あっさね（向こうの方へ）
あっちこっち（あちらこちら）
あらけ（屋敷の外）
あんげな（あのような）
あんころ（あの頃）
いっぺこっぺ（あちらこちら）
いっぽかっち（左右逆のこと）
かっとしゅ（至る所）

くんだり（下り）
こき（ここに）
こっさね（こちらの方へ）
こんげして（このようにして）
こんげなこつ（こういうこと）
こんこた（このことは）
そき（そこに）
そら（それは）
ちょっぺん（てっぺん）
どき（何処に）
どこまじ（何処まで）
どこん（何処の）
どんげして（どんなにして）
とんびまんび（飛びとび）
なぬ（何を）
なんかなし（とにかく、とりあえず）
なんじゃかんじゃ（何やかや）
なんちゅうこつ（何ということ）
なんなら（よければ、それなら）
なんもかんも（何もかも）
はた（周り）
ひだりしね（左の方へ）
ふてこつ（大きなこと、広言）
よかとき（いい時、いいタイミング）
よかふに（いい具合に）

食べ物、食べることに関わる言葉

あくまき（餅米を竹の皮で包んで蒸したもの）
あぶらぜり（油炒め）
あめんた（飴）
いやしんごろ（食いしん坊）
うめ（美味しい、うまい）
うめむんじゃ（美味しいもんだ）
おごく（赤飯のおこわ）
くむん（食べる物）
ごっそ（ご馳走）
しょい（醤油）
せんび（煎餅）
だご（団子）
つけむん（漬け物）
とふ（豆腐）
ねりくり（餅とさつま芋をこねて作った団子）
はらいっぺ（腹一杯）
ひだりい（ひもじい、腹が減った）
めしんせ〈めしのせ〉（ご飯のおかず）

生活の道具などに関わる言葉

あば（新品）
おとし（ポケット）
かまげ（かます）
かりかご（背負いかご）
がんだれ（洗面器）
きむん（着物）
きりばん（まな板）
こえ（肥料）
ごひ（御幣）
しょけ（ざる）
しょどく（道具）
じょり（草履）
ぜん（お金）
たきむん（薪）
たんご（桶）
ちきり（竿秤）
ちょか（急須、鉄瓶）
てこ（太鼓）
てのぐい（手拭い）
ぱっちん（めんこ）
ぼっぽ（竹筒）
ほや（電球）
まぶり（背中の日よけ）
めご（食器入れ）
やすむん（安物）
ゆだる（湯舟）
ゆるり（囲炉裏）
よま（紐）
らむねんたま（ビー玉）
わんごろ（輪）

自然現象などに関わる言葉

あけ（明るい）
あこくろ（夕方暗くなる頃）
いかんした〈ゆかんした〉（床下）
かねくり（氷）
がまんど（薄暗い洞穴）
ごろんさま〈ごろごろさま〉（雷）
したんこら（下の河原）
すっがき（杉垣）
ずな（砂）
すぼ（ほこり）

すぼる（けぶる、くすぶる）
せんぎりかぜ（冬の季節風）
どんぶかり（川の深いところ）

動植物に関わる言葉

・動物に関わる言葉
いんがほゆる（犬が吠える）
うの（牝牛）
おっちゅ（オス）
がらっぱ（河童）
こち（牡牛）
はしかいいん（狂犬）
はみ（牛馬のえさ）
めっちゅ（メス）
めめたん（イタチ）

・鳥に関わる言葉
けっつんぶろ（カイツブリ）
ながし（梅雨）
のんぼり（上手、道路の起点）
ひんのひなか（真っ昼間）
ころっここず（フクロウ）
といとい（幼児語：ニワトリ）
ひよす（ヒヨドリ）
ひんかち（セキレイ）
みそっちゅ（ミソサザイ）
むっき（イカル）
やんもち（とりもち）

・魚に関わる言葉
あい（アユ）
いお（魚）
いだ（ウグイ）
くいる〈くいっど〉（釣れる）
やぼ（藪）
よんべ（昨夜）
ごも（ハゼ科の硬骨魚）
ずなめ〈ぞなめ〉（メダカ）
せんこうなぎ（鰻の幼魚）
だくまえび（テナガエビ）
はえ（コイ科の淡水魚、早い、速い）
ひえりくせ（生臭い）
ひこた（ナマズの幼魚）
びび（幼児語：魚）
やまたろがに（モクズガニ）

・は虫類・昆虫に関わる言葉
あかばら（イモリ）

あまめ（ゴキブリ）
かんたろみみず（ヤマミミズ）
きじら（シロアリ）
ぎめ（バッタ）
ぎんがら（コガネムシ）
げりん（オタマジャクシ）
こぶのえ（蜘蛛の巣）
ちょかんきり（トカゲ）
びきたろ〈びきたん〉（蛙）
びる（ヒル）
やまこぶ（ジョロウグモ）
やまとんぼ（オニヤンマ）

・植物に関わる言葉

うしんべろ（ギシギシ）
かじね（クズの根）
かたし（椿）
かまばれ（くさかり）
がらみ（ノブドウ）
きんちょじ〈きんちょき〉（マリーゴールド）
くそごり（カラスウリ）
こしゅ（唐辛子）
こっこ（ムベ）
ごんぼ（ゴボウ）
さとがら（イタドリ）
さんどまめ（インゲンマメ）
しって（二番立ちの稲）
すいすい（スイバ）
でこん（大根）
でず（大豆）
ときび（トウモロコシ）
とっしゃ（フダンソウ）
とびしゃこ（ホウセンカ）
なば（椎茸）
なんばん（南瓜）
にがごり（ニガウリ）
むすぶて（イヌビワ）
もちくさ（ヨモギ）
やせ（野菜）
らっかしょ（落花生）

コラム3

方言版史跡ガイド

国富町の本庄にゃ、四十八基の古墳があって　いわれちょっちゃけん、実際はそれよりか　まだ多いつよ。本庄ん古墳な、高塚（盛土古墳）が五十二基、地下式古墳が二基、横穴式古墳が二十一基あっとじゃけん、うっくえてねなったつもへるっと、百基をこゆっとじゃねどかい。

この古墳にゃ、ぼど名前がついちょって、そん中に「剣塚」ちゅう塚があって、その塚ん上にゃ稲っさま（稲荷神社）ん社があっとよ。こん古墳は、正式にゃ「本庄古墳群第三十八号墳」ていうとじゃけんどん、本庄ん人たちゃみんな「剣塚」ていやっど。こん塚は「前方後円墳」じゃけんどん、本庄にあるほかん「前方後円墳」に比ぶっと、古墳の前ん方が短けっちゃげな。ほんじゃかい「剣塚」を「帆立貝形古墳」ていう人もおりゃっとよ。

「剣塚」が、いつごろでけたかちゅうこた、ゆと分らんげなが、こん古墳に誰が葬られちょるかについちゃ、三つの説があっとよ。

一つ目はな、初代天皇ていわれちょる「神武天皇」のあんちゃんの「稲飯彦」が葬られちょるていう説よ。そんげいえば、「稲飯彦」の「稲」は「稲荷」の「稲」とおんなじ字で、通じるむんがあるごつあっとよな。

二つ目は、十二代「景行天皇」の嫁女ん「御刀媛」じゃていう説よ。「御刀媛」ん「刀」は「剣塚」の「剣」ちゅう字に通じちょるていう説よ。

三つ目は、「景行天皇」の子どんの「日本武尊」が、熊襲征伐にきやった時の話じゃが、「日本武尊」は熊襲ん親分の「クマソタケル」をうっ殺した時につこたていう短刀が葬られちょるかい「剣塚」ていう名がついたちゅう説よ。

どりもこりも、おもしり伝説じゃがな。

「国富町史跡・文化財ものしり帳（一部加除修正）」より

コラム４

方言の背後には歴史がある

「なまんじゅ」という方言をご存知でしょうか。聞きなれない方言ですが、これは「熟していない果物」のことです。どうしてこんな言葉が生まれたのか、根拠のない推測ですが「生」と「果汁」または「生」と「未熟」を結びつけて「なまんじゅ」としたのかも知れません。似かよった意味の方言に「あおんじゅ」というのもありました。今ではこんな方言はもうなくなりましたが、高齢者の皆さんには、何となく郷愁を 覚える言葉ではないでしょうか。

方言を学校で習った記憶はありません。物心ついた時は方言で話をしていました。親から子、子から孫へと引き継がれてきた方言、自分達が意志の伝達手段として使ってきた方言は、それを使う人達にとっては共有の財産であり、地域の伝統文化です。方言は自分自身をかざらずにさらけ出す言葉ですから、自分の意志を率直に表現できます。「ざんねんだ」より「なましんきな」と言った方が、気持ちはストレートに伝わります。また、「何をする暇も無い」などと言うより「なんどこじゃね」の方が忙しさに追われた状況が実感として伝わってきます。

方言はいつの時代に、誰が、どのようにして作り、それがどのように使われ始めたのか。そして、どのような経過を経て今日に至っているのか。我が故郷の方言の誕生や変遷の過程は分かりませんが、忘れてならないのは方言の一つひとつが歴史を秘めていることです。これを機会に方言の背後にある歴史をたぐり寄せ、故郷の過去を問い、新しい未来に繋いでいきたいものです。

あとがき

この本は、三原正生さん（元教育長）の仕事が発端となって上梓されました。三年ほど前、ひょっこり来訪した三原さんが「こんなものを作りましたので読んでみてください。」と置いてゆきました。「国富町本庄地域の方言」とタイトルの付いた小冊子でした。ページを捲るほどに心は釘付けになりました。そこに記された方言の一つひとつが往時の日常を鮮やかに蘇らせたからです。三原さんはこの小冊子を何人かの友人、知人に配布したらしいのですが、それが本人も驚く程の反響があり、町内はもちろん県内外に住む国富町出身者からもこの冊子を求める声が寄せられたのです。「本庄地域の方言」は、その後も増補しながら改訂を繰り返してはその要請に対応していました。

そんな時、ふと考えたのが「本庄地域の方言」をベースにして、八代、木脇地区を加えた「国富町の方言集」は出来ないかということでした。この話を三原さんに持ちかけたところ快く応じてもらえましたので、その後の「方言集作成委員会」結成に時間はかかりませんでした。令和元年十一月三十日の第一回作成委員会を皮きりに活動を開始したのです。

それからの一年間は、八代、木脇地区の方言収集の傍ら本庄、森永地区の方言の掘り起こしも行い、一方では刊行する本の内容構成の具体的な検討という多忙な日々でした。毎月一回の編集委員会も令和二年五月以降は二回に増やして協議を重ねました。通常本作りには三年を要しますが、それを一年余りでやり終えることができました。

ただ、方言集作成委員会のメンバーは、古典はおろか文学にも縁の薄い者ばかりです。したがって、この本は専門家の評価に耐えるものには仕上がっていません。しかし、一般町民の興味と関心に資するための知恵は絞ったつもりです。本書は書斎の本棚よりは、居間の本立てに置いて活用されることを希望します。

最後になりましたが、方言収集におしみないご尽力を賜りました町内各地区の協力者の方々、作成委員会開催の度(たび)ごとに印刷等の手助けをいただいた社会教育課の皆さん、そして、未整理の原稿に丹念に目を通し、全体構成を工夫して立派な本に作り上げていただいた鉱脈社の川口敦己社長、それぞれの皆様に心から感謝とお礼を申し上げます。

令和三年（二〇二一）初春

方言集作成委員会会長　杉尾良也

追記

最後に本書が出来上がるまでの経緯を記しておきたいと思います。

かなり以前から中学校の同窓会などで友人達と顔を合わせるたびに「本庄の方言を文字に残しちょくといっちゃがなあ」と語り合っていました。しかし、なかなか実現しないまま時は過ぎていきました。そのような中にあって「今、ここで手を付けなければ我々の願いは永久に実現しない」との思いが強くなり、取り敢えず私が行動を起こすことにしました。

自家用車の中には何時もメモ帳を置いて、方言が頭に浮かぶとクルマを道路脇に止めて書き留めたり、友人との会話の中でお互いが何げなく発した方言に気付くと、それを頭にとどめて後でノートに記録したりしました。ゴルフ場で同伴者が口にした方言をスコアカードの余白に書き付けることもありました。また一方では、方言に関心のある友人、知人に協力を呼び掛けて方言を集めていきました。時間の経過と共に方言の数は徐々に増えていきました。何度か改訂、増補を繰り返しながら三年の歳月を掛けて「国富町本庄地域の方言」という小冊子を作り上げました。収集した方言の数は七二〇語にのぼりました。この冊子を県内外に居住する国富町出身者に届けたところ予想以上の反響がありました。

杉尾良也先生（国富町稲荷在住の元高校教師・郷土史家）もこの冊子に注目され「本庄地域だけでなく木脇、八代地区を含めた国富町全域の方言集は出来ないだろうか」と私に問われました。「そういうのが出来るといいですね」と応じると杉尾先生はさっそく方言集作成委員会を立ち上げられました。作成委員にはは国富町生涯学習講座の「郷土史講座の受講生」の中から優秀な人材が数名選ばれていました。私はオブザーバーでの参加を希望しましたが、最初の会で役割分担をする時、杉尾先生は私を会長に推挙されました。それを強力に拒否したため最終的には杉尾先生に会長を押し付けることになりました。私は補佐役ならということで副会長を引き受けました。

第一回の作成委員会は令和元年十一月に開催しました。当初、定例会は月に一度開く予定でしたが時間不足のため令和二年五月以降は月に二度ずつ開催することにしました。最終回の令和三年一月までの一年五か月の間に二十三回の作成委員会を開きました。定例会では収集した方言の検討に多くの時間を費やしました。例文の作成や内容構成についてもかなりの時間を掛けて協議を重ねました。方言の収集は、町内を三地区に分けて六名の作成委員がそれぞれの分担地区ごとに行いました。できるだけ多くの方言を集めるため各地区に協力者を依頼しました。その結果集めた方言の総数は一〇〇〇語を超えました。この中には私が最初に収集した「国富町本庄地域の方言」も含まれており、それらを精査して本書には九三〇語の方言を集録しました。

作成委員会は杉尾会長の意向にそって進めていく予定でしたが、令和二年四月頃から体調を崩され委員会への出席も不可能となりました。そのため以後は副会長の私が会を取り仕切ることになりました。会の運営をはじめ、各種資料の作成、方言集の内容構成、各章の本文執筆、町当局や出版社との折衝など諸々の役を請け負いましたが、作成委員の皆さんの積極的な協力によって編集作業は予定通りに進行しました。作成委員会の効率化のために毎月定例会の最後には必ず次会の協議内容を確認することにしました。方言収集に関する各自の課題は家に持ち帰って作業をしてもらうことも多々ありました。作成委員の皆さんのご苦労とご協力に改めて感謝しているところです。

また、本書を出版するに当たってはかなりの経費を要しましたが、中別府町長さんに特段の配慮をいただきました。本事業に対する町長さんのご理解とご支援がなければこの本が世に出ることはありませんでした。

故郷の方言を集めて、それを文字に直すという仕事は大変でしたが、このような形で我が町の文化遺産を後世に残すことが出来たことは大変有意義だったと思っています。出版した「国富町の方言」は大変好評で、本の内容がNHKの「イヴニング宮崎」やMRTの「あさとく」で放映されたり、宮日新聞の「窓」の欄にこの方言集を高く評価した投稿文が掲載されたりしました。県内の書店に並べられた本の売れ行きも好調だと聞いています。また、本書は「第三十二回宮日出版文化賞」の候補作にもノミネートされました。本書を町内の各家庭に是非一冊ずつ備えていただけたらと願っています。

最後になりましたが本書が作成される契機を作っていただいた杉尾良也氏、そして作成委員としてご尽力された宮永秀文氏のご両人が本の出版後間もなく急な病で亡くなられたことを記しておきます。

令和五（二〇二三）年三月吉日

国富町方言集作成委員　三原正生

・方言集作成委員

杉尾　良也
三原　正生
渡辺　公
宮永　秀文
高山　幹男
林　行典

・方言集作成協力者

井上　雅晴
岩切　文彦
宇留島兼義
江藤　拓也
片木山エミ
金丸　重人
金丸　達代
川崎　清澄
川野　良明
木下　正明
倉田　裕生
黒木　学
郡　真一
後藤　邦明
後藤　光男
小森　政文
斉藤　初行
坂本　健一
坂本　節子
佐藤　清幸
重富　健徳
重丸　雄三
杉田　茂延
髙橋　止男
髙橋　久紘
高橋　稔
武田　幹夫
谷口　雅俊
谷山　金二
出島　久晴
徳原　正剛
鳥原　実夫
中嶋　徹郎
中武　幸子
中武　政利
長野健一郎
永峰　常雄
永峰ひとみ
名島美代子
野中　マツ
林　郁代
日髙　千年
日高　長市
福島　恵三
本田久之輔
町塚　照明
右立　俊美
三角フミ子
三角三千代
宮田　正人
宮永　保俊
横山　証一
横山正七郎
渡辺　豊
渡辺　勝美

渡辺 京子
渡辺 雅一
渡辺 好人
渡辺ひとみ

渡邊 熊夫
渡辺 徹雄
渡辺 良政

・方言集作成顧問

柚木崎 敏
緒方 明夫
菊池銑一郎
三宅理一郎

国富町の方言　改訂版

二〇二二年二月五日　初版発行
二〇二三年五月十日　三刷発行

編集　国富町方言集作成委員会©

発行　国富町
宮崎県東諸県郡国富町
大字本庄四八〇〇番地
☎〇九八五－七五－三一一一

発行所　鉱脈社
〒八八〇－八五五一
宮崎市田代町二六三番地
電話　〇九八五－二五－一七五八

印刷 製本　有限会社　鉱脈社